少林秘传绝技丛书（二）

顾汝章秘传软硬功

陈钢　著

人民体育出版社

图书在版编目（CIP）数据

顾汝章秘传软硬功 / 陈钢著. --北京：人民体育出版社，2020
（少林秘传绝技丛书. 二）
ISBN 978-7-5009-5903-8

Ⅰ. ①顾… Ⅱ. ①陈… Ⅲ. ①武术气功 Ⅳ. ①G852.6

中国版本图书馆 CIP 数据核字（2020）第234054号

*

人民体育出版社出版发行
北京新华印刷有限公司印刷
新 华 书 店 经 销

*

880×1230 32开本 7.5印张 179千字
2020年11月第1版 2020年11月第1次印刷
印数：1—3,000册

*

ISBN 978-7-5009-5903-8
定价：30.00元

社址：北京市东城区体育馆路8号（天坛公园东门）
电话：67151482（发行部） 邮编：100061
传真：67151483 邮购：67118491
网址：www.sportspublish.cn
（购买本社图书，如遇有缺损页可与邮购部联系）

参编人员

高　翔　　丁亚丽　　高　飞

郭成敏　　高　绅　　李梦瑶

总　序

2017年1月25日，中共中央办公厅、国务院办公厅印发了《关于实施中华优秀传统文化传承发展工程的意见》（以下简称《意见》），并发出通知，要求各地区各部门结合实际认真贯彻落实，体现了党和政府对中华优秀传统文化的重视。

在国民教育方面，《意见》提出：加强中华优秀传统文化相关学科建设，重视保护和发展具有重要文化价值和传承意义的“绝学”、冷门学科。在保护传承文化遗产方面，《意见》提出：推动民族传统体育项目的整理研究和保护传承。

中华武术有着几千年的发展历史，是中华民族在社会实践中创造的宝贵财富，是中华文化的重要组成部分。少林武术作为中华传统武术的优秀代表，其秘传绝技与武学秘籍一直是武术爱好者竞相学习和研究的对象。目前在国家的重视下，少林武术发展形势良好，但也存在可供学习的少林武术书籍相对较少的问题，因此，需要对少林武术的相关技艺进行整理出版，使中华武术进一步发扬光大。

《少林秘传绝技丛书》应运而生。本系列丛书依据“健康第一”的教育理念和“便于传承与发展”的要求，邀请有关专家参与编写，披露了少林武术的多种秘法绝艺。先期出版的有《少林点穴绝技》《少林擒拿绝技》《少林擒跌绝技》《少林短打绝技》《少林腿法绝技》《少林古传擒拿与点穴》《少林古传技击术》《少林八段锦古传秘功》《少林易筋经古传秘功》等12本，第二辑包含《少林秘传童子功》《少林古传养生法》《少林秘传五禽功》等9本。这套丛书既可作为武术爱好者学习研究的参考用书，也可作为各级各类武术教员的教学用书。

本系列丛书注重图文并茂，避免抽象化和纯理论化，意在提高现代武术爱好者的学习兴趣；立足于理论联系实际，突出学以致用要则；力求简洁明晰，便于阅读，便于练习。当然，不足之处在所难免，欢迎读者批评指正，以利今后进一步充实与完善。

内容提要

1. 顾汝章，江苏阜宁人，民国北少林武功名家，铁砂掌一代宗师。顾当年可将十二块方砖一掌击裂，掌力刚猛，透劲犀利，令人叹为观止，故武林誉之为“铁掌顾汝章”。（图1）

2. 顾汝章铁砂掌，乃武林公认的少林真传掌功。民国少林高手金警钟曾赞曰：“顾兄铁掌，铁中铮铮。”美国北螳螂名师黎达冲曾誉为：“此乃武学真传，秘中之秘，一击必杀。”（图2）

3. 顾传养生混元功，又名“养生混元劲”，此功内外兼修，快慢结合。常练此功，可使人神气饱满，精力充沛，筋骨健壮，耐力增强，有助技击。（图3）

4. 小金钟功，顾派秘传的一种硬气功。此功较为细腻与轻柔，所以又名“小金钟罩”，简称“小金钟”。一旦苦练功成，全身如“金钟罩体”，可抗打抗坚。（图4）

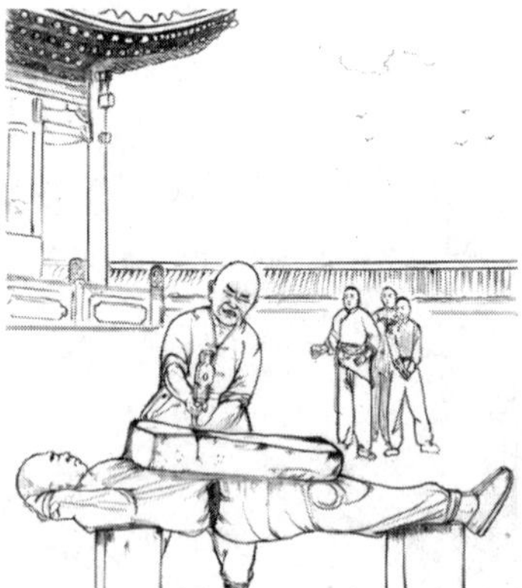

目 录

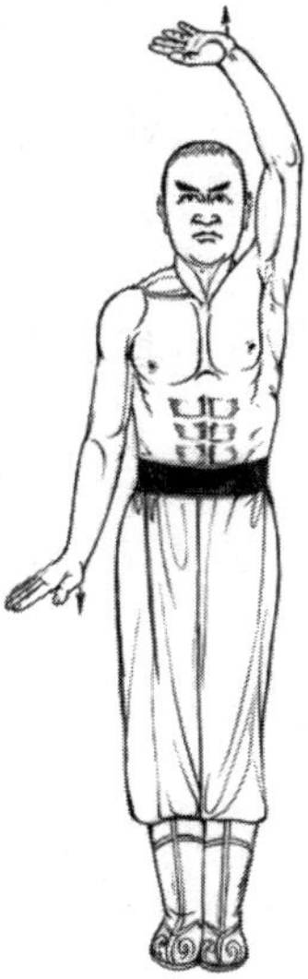

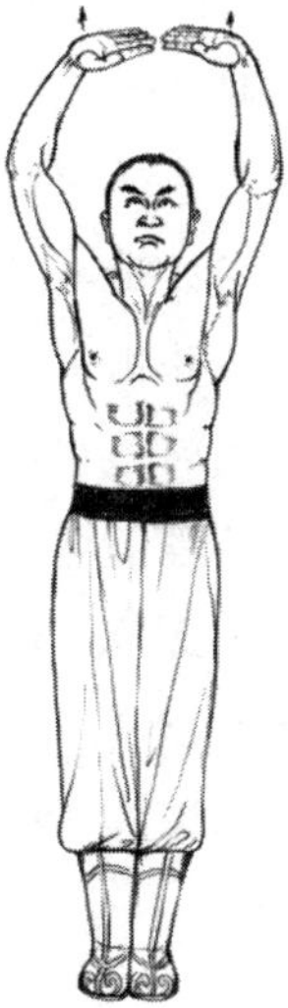

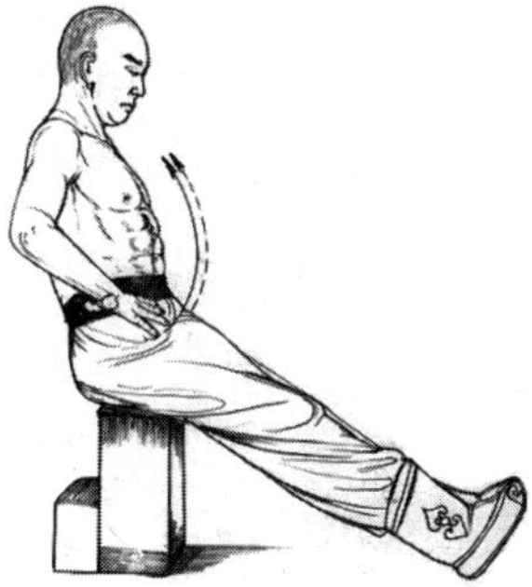

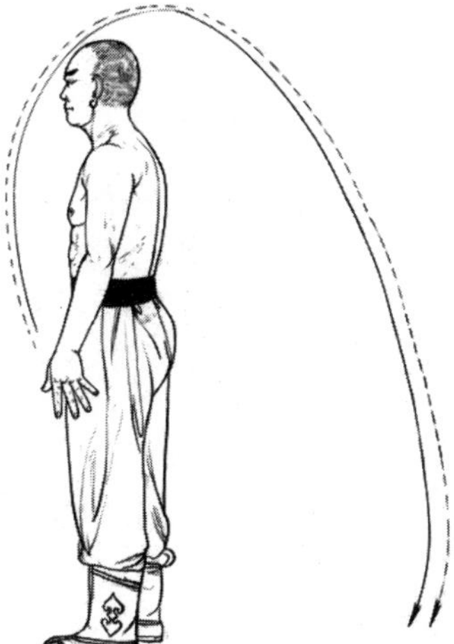

第一章

铁砂掌硬功法

铁砂掌功，精者代有其人，然近代此功最精者，当属一代宗师顾汝章。顾师当年能叠起十二块方砖，一掌击下，尽皆碎裂。其掌力之刚猛、透劲之犀利，令人叹为观止，故武林誉之为“铁掌顾汝章”，名震一时。

顾汝章铁砂掌，乃武林公认的少林真传掌功。民国少林高手金警钟曾赞曰：“顾兄铁掌，铁中铮铮。”美国北螳螂名师黎达冲曾誉为:“此乃武学真传，秘中之秘，一击必杀。”

顾派铁砂掌，练法独特，内外兼修，软硬兼具，自然行功，不易出偏。一旦练成，两掌一挥，砖断石开，当者披靡；劲法多变，拍、甩、切、印、啄，防不胜防。笔者根据体悟，把传统练法做了简化，将其整理出来，谨供读者参考，不当之处望请指正。

第一节　铁砂袋

一、铁砂的选择

购买约10公斤铁砂，铁砂颗粒大小适中。买回后要清理干净，并捡出有刺或不规则的，以免伤手。

在铁砂中最好混装一些活血化瘀的无毒中药（练习者自可到药店咨询购买，笔者不再提供药方），以利练功时起到保护手掌的作用。

一般不推荐使用钢珠，钢珠太为光滑，在击打时砂袋容易变形，不如摩擦力较大的铁砂练掌效果好。

二、砂袋的制作

用细帆布缝制一个方形布袋，其长宽要求超过手掌，铁砂装填不要太胀，至七八成即可。练习者也可到武术用品销售店选购练掌铁砂袋。（图1–1）

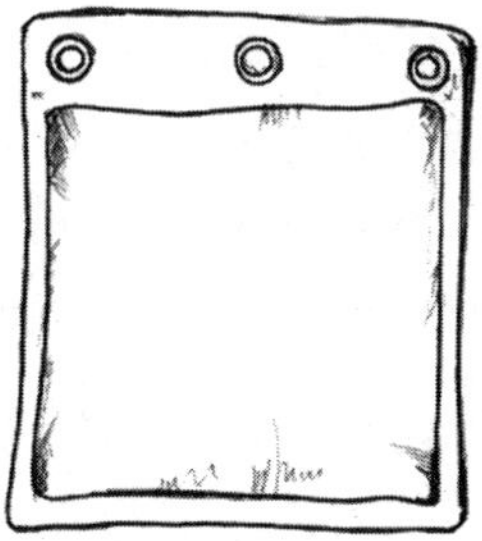

图1–1

第二节　练功防损

以铁砂掌而言，皮肉之掌相击铁砂，首先要防止手掌外伤，如肿痛、皮破、骨折等患害，更要防止造成内伤，而殃及内腑！

如欲防止此等患害，一定要做好准备，先活动双掌；击打砂袋时，一定要轻打、少打，循序渐进。

行功之后，再活动双掌，放松筋骨，消除疲劳。

有条件者或专业练功者，可选择药功洗手，润皮、护肤、舒筋、壮骨、活血、化瘀、消肿、止痛，以助功成，并防治损伤。

第三节　简易汤方

《顾汝章铁砂掌秘谱》载："外壮练功之法，要从不自然中求自然之道。铁砂掌秘传功法，已较自然，然行功之际，也常碍及血液之流行，而发生青紫肿痛等事；行之过重，更足使掌部之血液壅塞，而妨害臂部之活动，甚之伤及内腑。如欲防止此等患害，宜假以药物之助。是当于行功之前，先用真传正方药物洗浸其手，经过一定时刻之后，待药力达于筋肉之内加以保护，而增进其抵抗之能力，外面虽受较重之震激，也不复有皮破血流之苦与青肿疼痛之病。行功之后，再洗浸其手，则筋骨舒适及皮肉坚牢，非但不易损伤，且足以辅助行功，使其收效神速，而不致迟迟不成，积有种种流弊。"

传统的铁砂掌药方主要有药酒方、药醋方、药汤方三种，今笔者仅选择比较简易常用的一种汤方，谨供练者参考。此方据说为铁砂掌名家顾汝章所传，故又称“铁掌顾方”。

【药物】

地骨皮，食盐。

【制法】

上述两味各半，用水煎汤。

【方义】

地骨皮乃清热解毒之佳品，不但能清凉散火，解化皮肤热毒，而且还有坚壮筋骨的功效。独此一味，煎水洗手，即可作为练习铁砂掌的专方。佐以食盐，更具有解毒止痛的作用，而且食盐还有强筋健骨之效、杀菌止痒之功。

【用法】

行功前后，温热药汤，乘热洗手，浸泡、擦揉，则气血融和，皮肤舒畅，筋节灵活，助功、祛伤。（图1–2 ~ 图1–16）

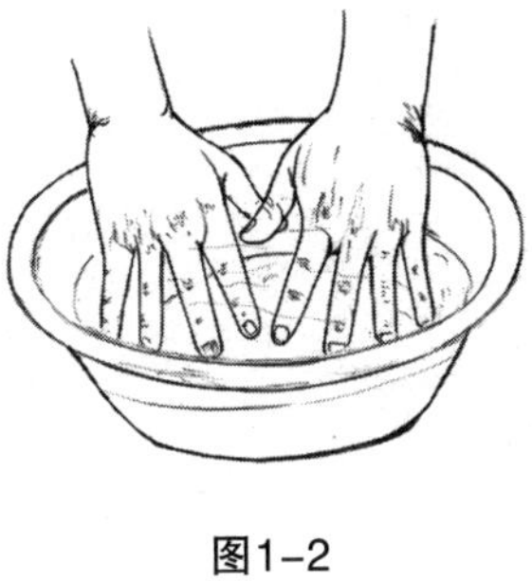

图1–2

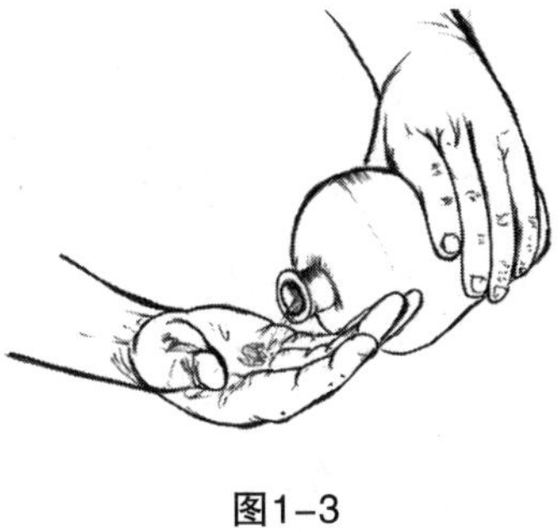

图1–3

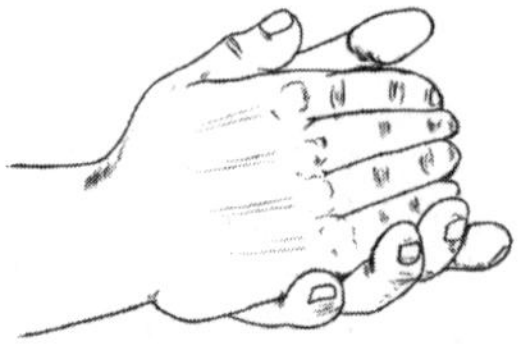

图1-4

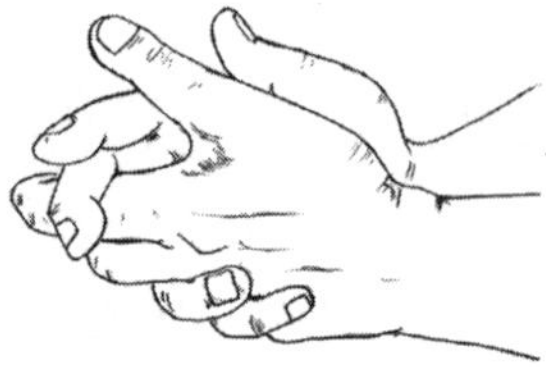

图1-5

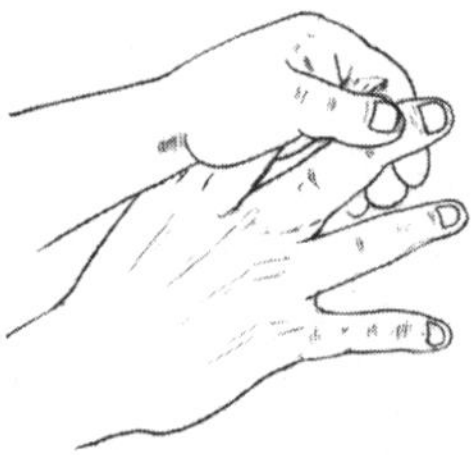

图1-6

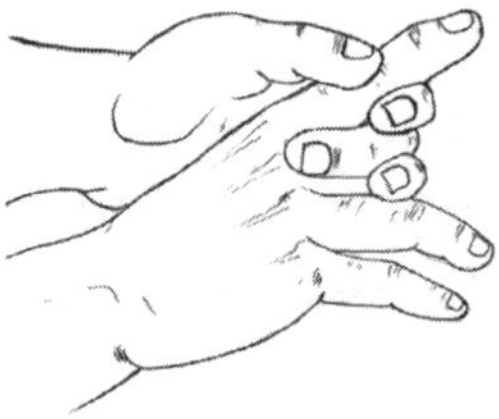

图1-7

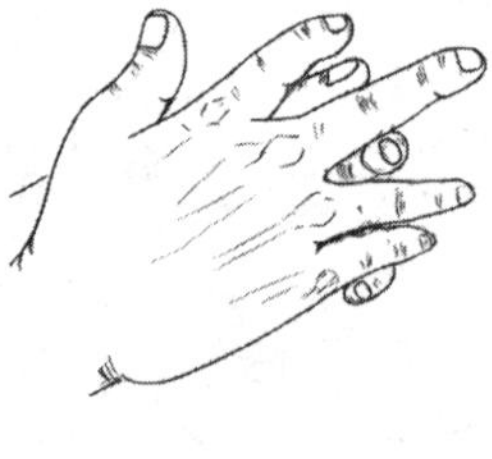

图1-8

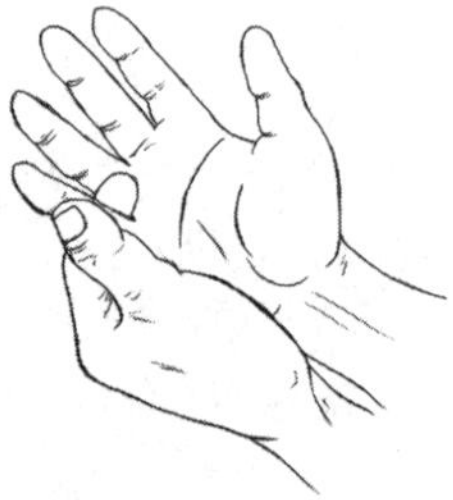

图1-9

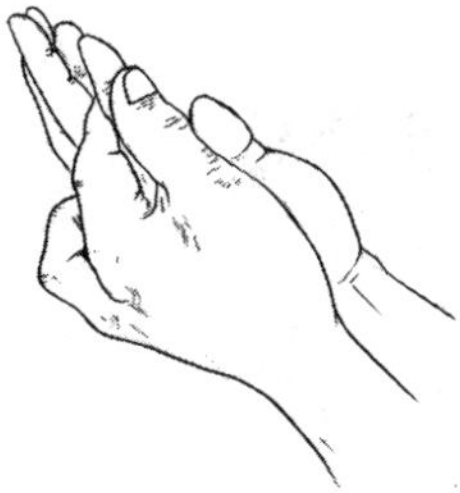

图1-10

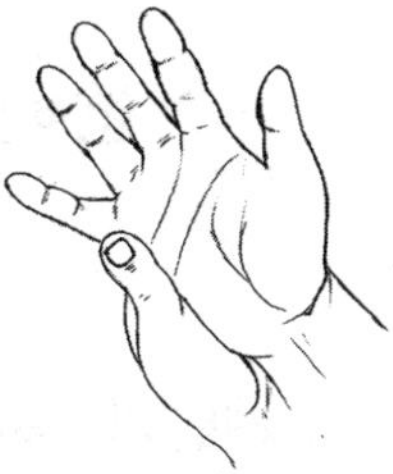

图1-11

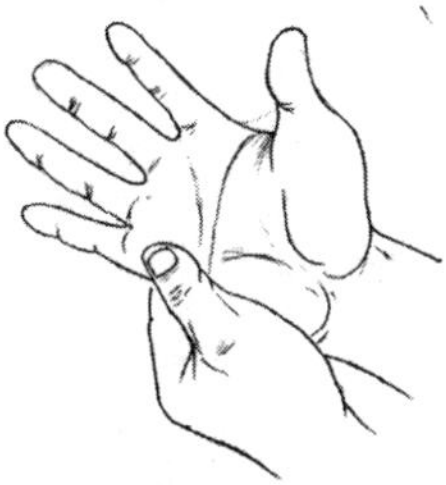

图1-12

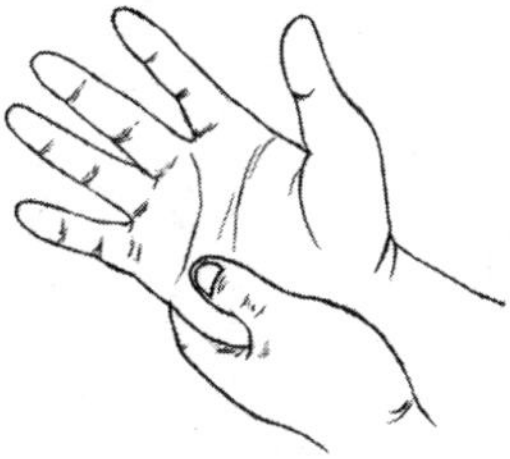

图1-13

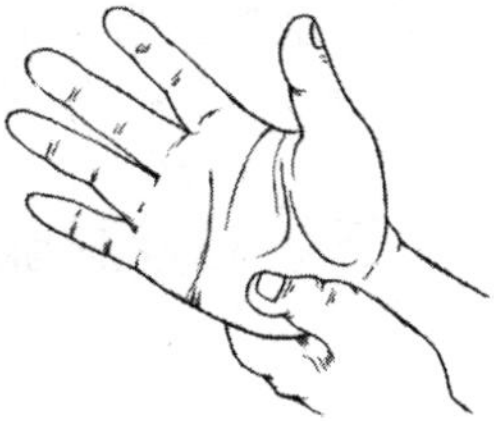

图1-14

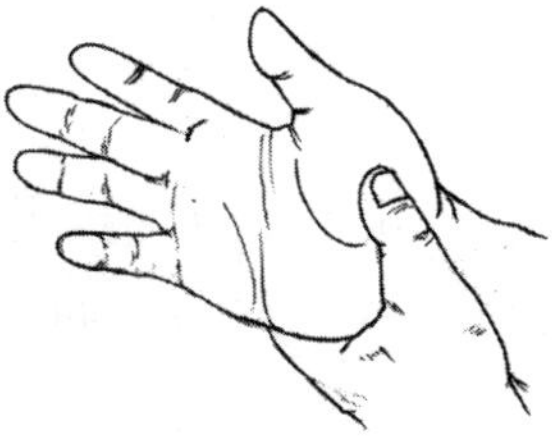

图1-15

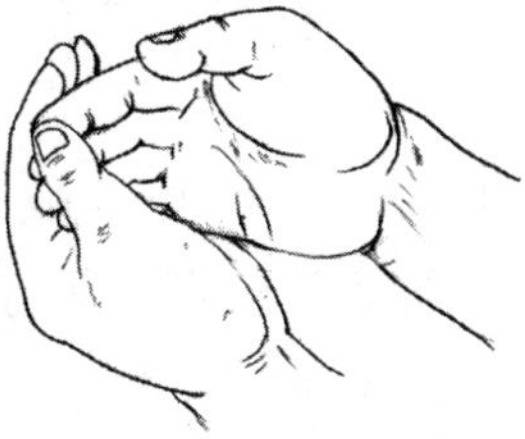

图1-16

第四节　操掌主要禁忌

一、忌强发臂劲

此功发劲打击时，切忌强用臂力，应舒松臂膊，纯用腕掌之劲发之。以此秘诀既可使劲贯注，练出“内劲”，也可避免把掌劲练僵练拙，且无震伤内部之虑。

二、忌神意散乱

练掌行功，若神意散乱，则气机不通；气机不通，则内力不贯；内力不贯，则不易练出大力铁掌，即使有力也易流于外壮，没有弹抖穿透之灵。

三、忌开口行功

本功要求鼻呼鼻吸（合齿闭口），结合五劲（拍甩切印啄），则蓄劲充沛，发劲犀利，内外合顺，增气长力。如果用口呼吸，则易使气散力减，进功缓慢。

第五节　铁砂掌初级硬功

铁砂掌行功要择静处，以无人扰乱为宜。将铁砂袋平放于牢固凳上，凳高以习练者易于发力击打为度，过高、过低都有不良影响。（图1–17）

图1–17

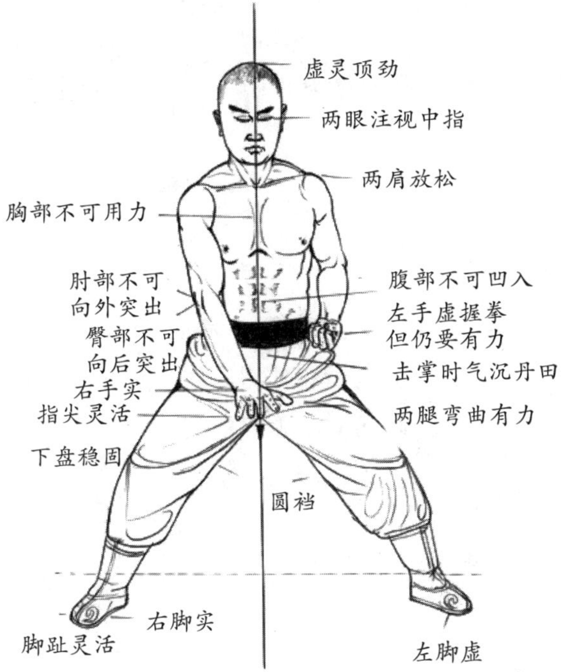

图1–18

铁砂掌初级硬功击袋姿势为“正桩打法”，两掌皆可发力，不用换步，易学易练，其要诀见图1–18。

一、拍法

【练法】

1. 预备势：蹲马步于砂袋前，两掌抱腰，气沉丹田，全身舒松，集中精神。（图1–19）

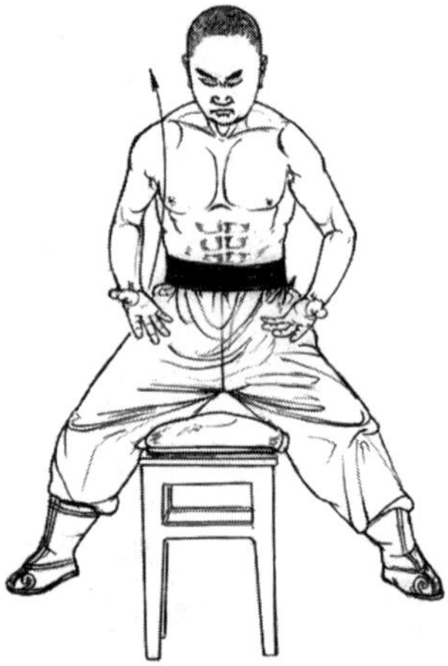

图1–19

图1–20

2. 吸气；同时，右掌屈臂上提于右耳侧，掌心向下，指尖斜向下。（图1–20）

3. 喷气；同时，右掌掌心向下拍击砂袋，指尖向前。掌部拍击最佳部位，即图示中的阴影斜线部分。（图1–21、图1–22）

图1–21

图1–22

【要点】

1. 拍击之劲，好像悬挂于空中的石块，当绳索断裂时，自然加速下落打在砂袋之上，如此练法不但可使发劲顺遂，而且可以练出浑元整劲，并可有效避免损伤手掌。练者请注意此发劲要诀，“顺其自然之势”，不要强使臂膀拙力，以下各法发劲均与此同，不再赘述。

2. 按上述练法，右掌反复拍击（次数自定），再换左掌。

二、甩法

【练法】

拍完，回原预备势。

1. 吸气；同时，右掌上提于右耳旁，掌心向后，指尖斜向下。（图1-23）

图1-23

2. 喷气；同时，右掌掌背向下甩打砂袋，掌心向上，指尖向前。（图1-24、图1-25）

右掌反复甩打后，更换左掌。

图1-24

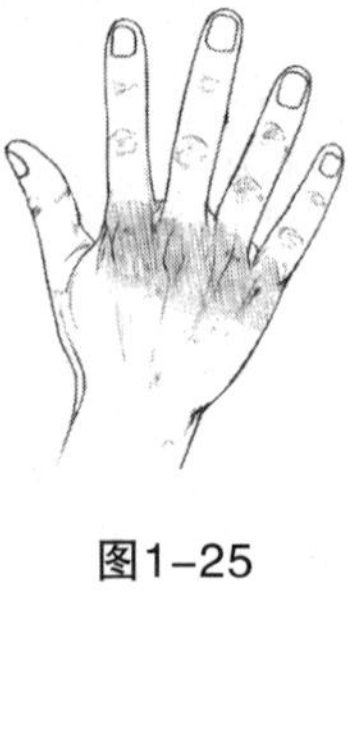

图1-25

三、切法

【练法】

回原预备势。

1. 吸气；同时，右掌屈臂提于右耳侧，掌心向左，拇指斜向上。（图1–26）

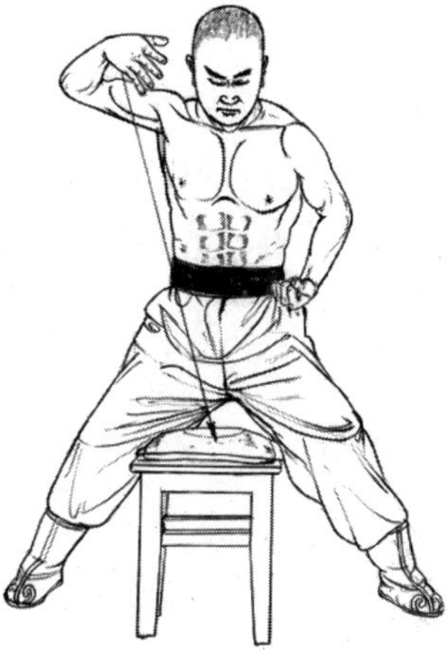

图1–26

图1–27

2. 喷气；同时，右掌掌棱向下切击砂袋，掌心向左，指尖向前。切者，似刀切菜之势。（图1–27、图1–28）

右掌反复切击，再换左掌。

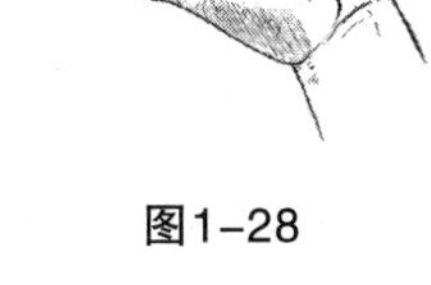

图1–28

四、印法

【练法】

回原预备势。

1. 吸气；同时，右掌屈臂上提于右耳侧，掌心向后，指尖斜向下。（图1–29）

图1–29

图1–30

2. 喷气；同时，右掌以掌根部（小天星）向下击打砂袋，掌指翘起，掌心微向左，指尖向前。印者，似盖印章之势。（图1–30、图1–31）

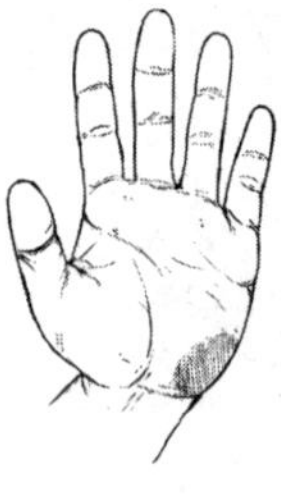

图1–31

右掌反复印击，继换左手。

五、啄法

【练法】

回原预备势。

1. 吸气；同时，右手五指捏撮成勾手，屈臂提于右耳侧，勾尖向下。（图1–32）

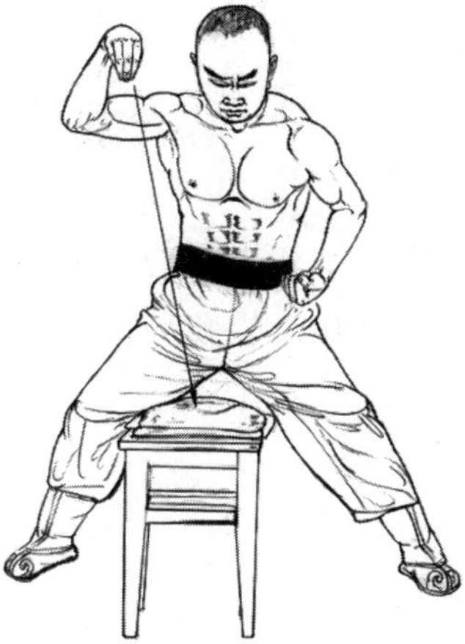

图1–32

图1–33

2. 喷气；同时，右勾手以勾尖像鸟啄物般下击砂袋。（图1–33、图1–34）

右掌反复啄击，继换左手练习。

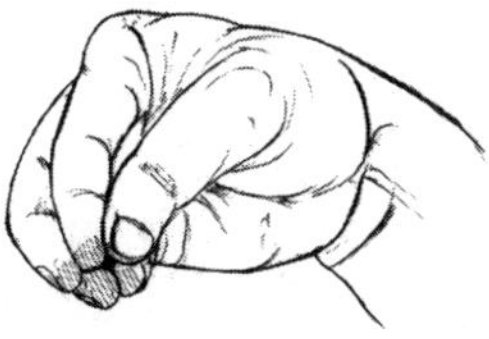

图1–34

以上五法，合而为一组动作。初习要量力而行，击打力度不可过重，击打次数不可过多，要循序渐进，以免受伤损身。

收功：打完砂袋，先摆撒两掌，再轻摇两腿，继随便散步，同时，调整呼吸。如此舒筋顺气，可保无碍。

第六节　铁砂掌中级硬功

铁砂掌初级硬功练习大约百天之后，即可练习中级硬功。

中级功击袋姿势为“顺桩打法”，主练前手发劲，其要诀见图。（图1–35）

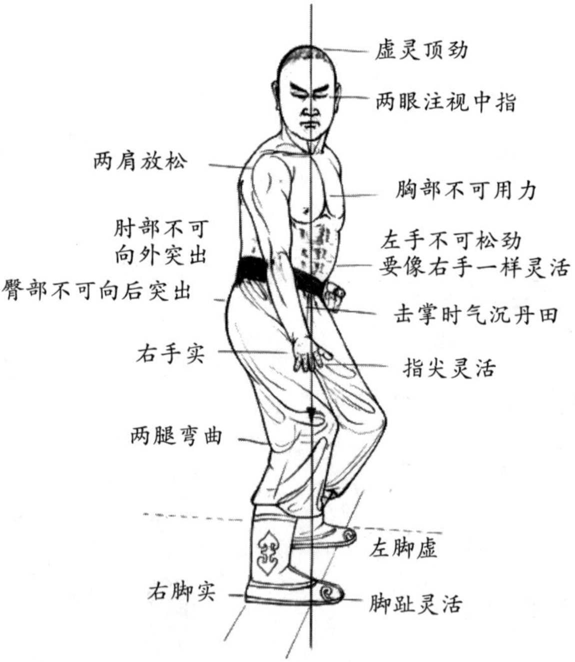

图1–35

一、拍法

【练法】

1. 预备势：右半马步侧立于砂袋旁，砂袋在右，距离适宜；右拳抱于腰间，拳心向上。注视沙袋。（图1–36）

图1–36

图1–37

2. 吸气；同时，右掌屈臂向上抬举于头右侧上，指尖向上，掌心斜向前。（图1–37）

3. 喷气；同时，右掌掌面向下拍击砂袋，掌背向上，指尖向前。（图1–38）

图1–38

右掌反复拍击砂袋（次数自定）。然后练习左掌，方法相同，唯把身向转换过来，左腿在前。

二、甩法

【练法】

拍完，回原预备势。

1. 吸气；同时，右掌屈臂向上抬举于头右侧上，指尖斜向上，掌心向后。（图1–39）

2. 喷气；同时，右掌掌背向下甩击砂袋，掌心向上，指尖向前。（图1–40）

右掌反复甩击，然后练习左掌。

图1–39

图1–40

三、切法

【练法】

甩完，回原预备势。

1. 吸气；同时，右掌屈臂向上抬举于头右侧上，指尖向上，掌心向左。（图1-41）

图1-41

2. 喷气；同时，右掌掌棱向下切击砂袋，指尖向前，掌心向左。（图1–42）

右掌反复切击，然后练习左掌。

图1–42

四、印法

【练法】

切完，回原预备势。

1. 吸气；同时，右掌屈臂向上抬举于头右侧上，右腕略勾，指尖向前，掌心向左。（图1–43）

图1–43

2. 喷气；同时，右掌掌根向下印击砂袋，指尖稍斜翘，掌心斜向左。（图1–44）

图1–44

右掌反复印击，然后练习左掌。

五、啄法

【练法】

印完，回原预备势。

1. 吸气；同时，右手成勾手屈臂向上抬举于头右侧上，勾尖向下。（图1–45）

2. 喷气；同时，右勾手以指尖向下啄击砂袋，手心向下。（图1–46）

图1–45

图1–46

右勾反复啄击，继换左手练习。

第七节　铁砂掌高级硬功

铁砂掌中级硬功练习大约百天后，即可练习高级硬功。

高级功击袋姿势为“拗桩打法”，主练后手发劲，其要诀见图。（图1–47）

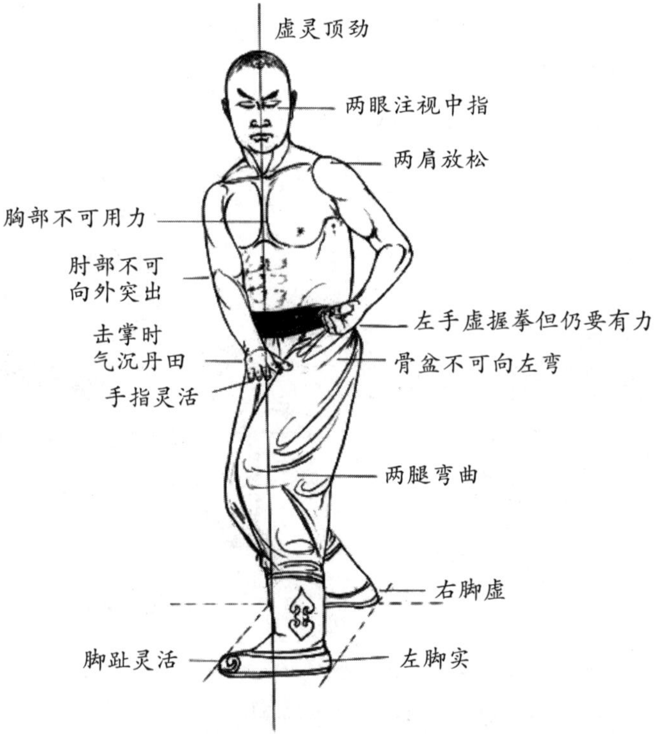

图1–47

一、拍法

【练法】

1. 预备势：将砂袋置于身体左前，距离适宜，马步站立，两掌抱于腰侧。（图1–48）

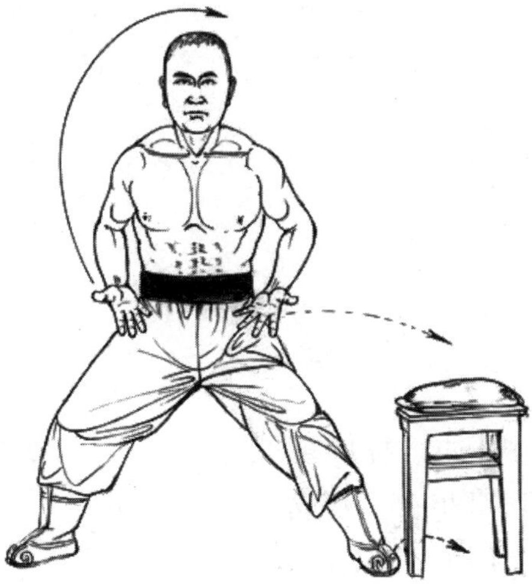

图1–48

图1-49

2．吸气；同时，身体重心稍右移，成左半马步；头向左转，目视砂袋；左手横掌按于砂袋上方，掌心向下，指尖向前；右掌屈臂上举于头右侧上，掌心斜向上，指尖向前。（图1-49）

3．喷气；同时，身体重心左移，成左半弓步；左掌成拳收抱腰侧，拳心向上；右掌掌面向前下拍击砂袋，掌心向上，指尖向前。（图1-50）

右掌反复拍击，继换左掌，练时把身向转一下，右腿要在前。

图1-50

二、甩法

【练法】

拍完，回原预备势。

1. 吸气；同时，身体重心稍右移，成左半马步；头向左转，目视砂袋；左手横掌按于砂袋上方，掌心向下，指尖向前；右掌屈臂上举于头右侧上，掌心斜向上，指尖向前。（图1–51）

图1–51

图1–52

2. 喷气；同时，身体重心左移，成左半弓步；左掌成拳收抱腰侧，拳心向上；右掌掌背向前下甩击砂袋，掌心向上，指尖向前。（图1–52）

右掌反复甩击，继换左掌。

三、切法

【练法】

甩完，回原预备势。

1. 吸气；同时，身体重心稍右移，成左半马步，头向左转，目视砂袋；左手横掌按于砂袋上方，掌心向下，指尖向右；右掌屈臂上举于头右侧上，掌心斜向上，指尖向前。（图1–53）

图1–53

图1–54

2. 喷气；同时，身体重心左移成左半马步；左掌成拳收抱腰侧，拳心向上；右掌掌棱向前下切击砂袋，掌心向左，指尖向前。（图1–54）

右掌反复切击，继换左掌。

四、印法

【练法】

切完，回原预备势。

1. 吸气；同时，右掌屈臂上举于头上，掌心斜向上，指尖向左；左掌横按于左肋前侧，掌心向下，拇指侧在内。（图1–55）

图1–55

图1–56

2. 喷气；同时，右掌掌根向前下印击砂袋，掌心向左，指尖斜向上；左掌稍向外伸。（图1–56）

右掌反复印击，继换左掌。

五、啄法

【练法】

印完，回原预备势。

1. 吸气；同时，身体重心稍右移，成左半马步；头向左转，目视砂袋；左掌横按于砂袋上方，掌心向下，指尖向右；右手五指撮成勾手，屈臂上举于头右侧上，勾尖向下。（图1–57）

图1–57

图1–58

2. 喷气；同时，身体重心左移，成左半弓步；右勾勾尖向前下啄击砂袋；左掌成拳收抱腰侧，拳心向上。（图1–58）

右勾反复啄击，继换左勾。

读者只要好好练习，铁砂掌硬功必然可成，不但可以断石开砖，而且非常切合实战，可以正步打，可以顺步打，可以拗步打，毫无拘束，见机可发，大力所到，敌立伤瘫。

第二章

铁砂掌内功法

铁砂掌内功法，是一种非常完整、非常优秀的武术掌功之内功练习法。此内功不易练成，但并不玄虚，而是科学地利用意念，结合呼吸，通过动作，强壮身体，激发“内能”，贯注双掌，提高力量。

此功既可单练，提高双掌“暗力内劲”，产生“穿透力”，所谓“穿肌透肤伤五脏”，令敌胆寒；也可与铁砂掌硬功同时修炼，使断石开砖之功见效更快，并且可以长期保持铁砂掌功力，不易退功。

笔者根据自我体验与教学经验，今首次整理其简化练法，谨供读者参考。本功乃传统功法，其中关乎贯气、穴道、经络等内功秘窍甚多，读者可请拜寻此类功法高手，更易有成！

第一节　贯气功

贯气功，通过抻筋拔骨，打通人体经脉，使之节节贯穿，便于气贯双掌，而增力增劲。此功是铁砂掌内功之入门基础。

一、混元一气

【练法】

1. 两脚并步，正身直立，目视前方；吸气；同时，左掌心向上，指尖向右，由左向上伸托，有托天之意；右掌下垂，掌心向下，指尖向右，往下撑按，有按地之意。至力尽，呼气，全身放松。是为第一势。（图2-1）

原势不动，左右掌配合吸气，托按数次（次数自定）。

图2-1

2. 配合吸气，左掌向下伸按，右掌向上伸托，与第一势相同，唯掌左右位置不同。（图2-2）

原势不动，左右掌配合吸气，托按数次。

图2-2

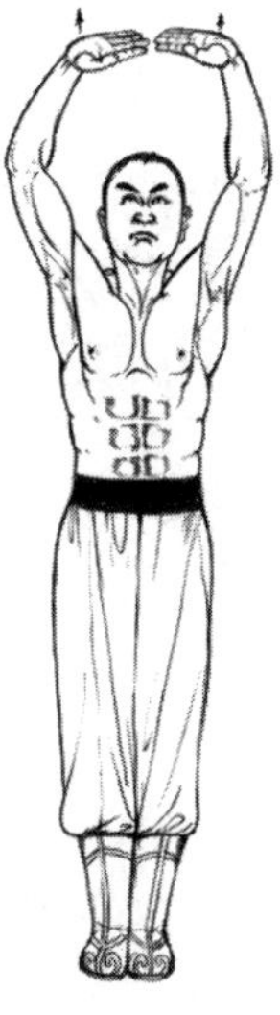

图2-3

3. 配合吸气；双掌上举于头顶上方，指尖相对，掌心向上，两臂自然伸直，双掌有托天之意。至力尽，呼气，全身放松。（图2-3）

原势不动，配合吸气，双掌向上伸托数次。

4. 双掌由上向下伸按于体前，指尖相对，两臂自然伸直，双掌有按地之意。至力尽，呼气，全身放松。（图2-4）

原势不动，配合吸气，翻掌向下伸按数次。然后还原立正，调匀呼吸。

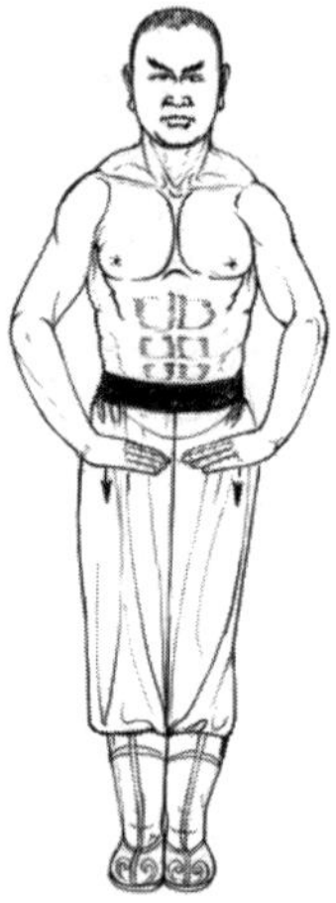

图2-4

【要点】

1. 精神要集中，呼吸要随动自然，缓慢深长。一般而言，吸气时意贯丹田，呼气时意贯双掌。

2. 不论上托下按，肘尖要外向，五指宜并拢；膝盖要用力挺开。

二、引气归元

【练法】

1. 两脚开步，与肩同宽，两腿直立，十趾抓地；虚领顶劲，舌抵上腭，含胸拔背，空胸实腹；双掌垂放体侧；呼吸自

然，站立数分钟（时间自定）。（图2–5）

2. 双掌从体侧上托至头顶上方，掌心向上，指尖斜向后；两脚跟抬起；同时，吸气。（图2–6）

3. 双掌由头顶变掌心向下，沿体前下按至小腹前；同时，呼气；脚跟随之落地。（图2–7）

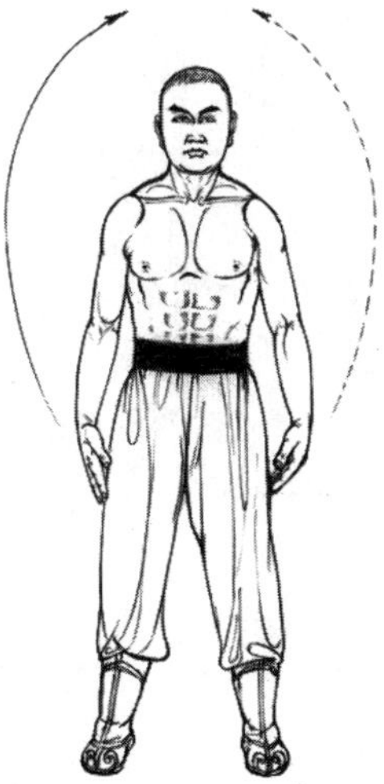

图2–5

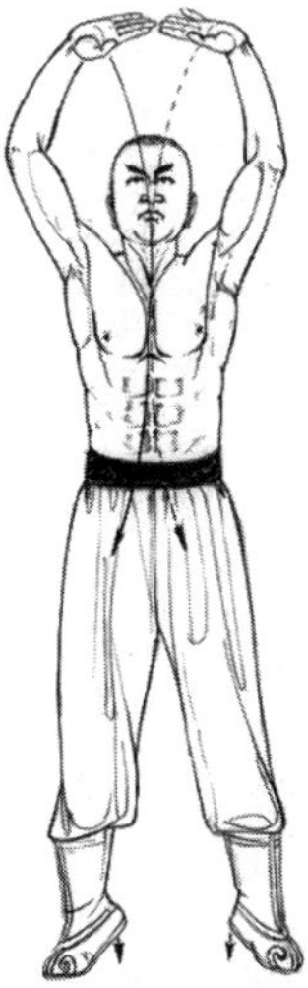

图2–6

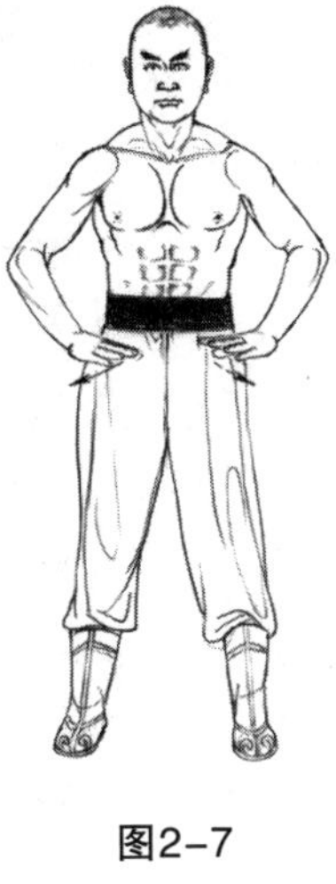

图2–7

4. 两掌垂放体侧，自然站立数分钟。（图2-8）

再按上述动作反复练习几遍（遍数自定）。

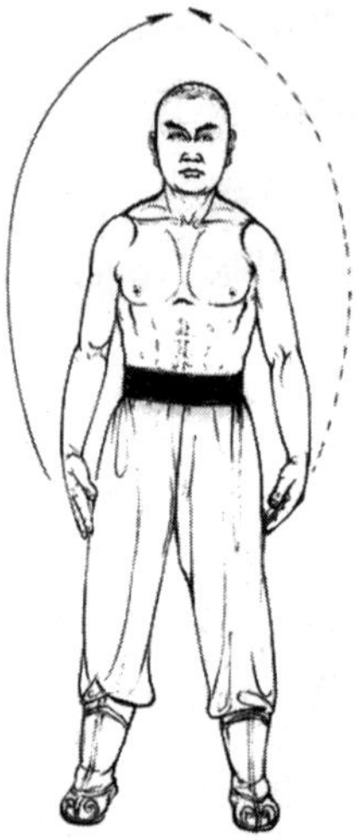

图2-8

图2-9

5. 然后，两掌从体侧上抱至头顶上方，掌心向下，指尖相对。（图2-9）

6. 两掌沿体前下按至小腹前，掌心向下，指尖相对。（图2-10）

图2-10

图2-11

7. 然后，双掌合抱小腹前，左掌在内，右掌在外。（图2-11）

吸气，双掌内按；呼气，双掌放松。如此练习数分钟，接练下势。

三、推窗望月

【练法】

1．双掌变拳，由腹部移至两腰间，拳心向上；同时，两腿屈膝半蹲，成马步（按：马步的高低由习者功力而定）；正身竖项，虚领顶劲，空胸实腹；意想丹田，呼吸自然。（图2–12）

图2–12

图2–13

2．马步不动；两拳变掌，由腰间移至小腹前，掌心向里，指尖相对，如抱托物状。（图2–13）

3. 双掌托至胸前；同时，吸气。随即，双掌内旋，缓缓向前推出，腕高平肩，掌心向前，指尖向上，似推千斤重物；同时，呼气。（图2–14）

图2–14

图2–15

4. 马步不变；双掌外旋，抓握成拳，回拉腰际。（图2–15）

如此反复习练，接练下势。

四、力士排山

【练法】

1. 马步不变；两拳变掌先收至腹前，掌心向上，指尖相对，继如托物状提至胸前；同时，吸气。（图2-16）

图2-16

图2-17

2. 双掌内旋，向左右两侧缓缓推出，展臂平肩，指尖向上；同时，呼气。（图2-17）

图2-18

3. 然后，双掌外旋，抓握成拳，回拉腰际；同时，吸气。（图2-18）

如此反复练习，接练下势。

五、无极归元

【练法】

1. 双膝伸直，开步站立，与肩同宽；双掌下垂腿侧。（图2-19）

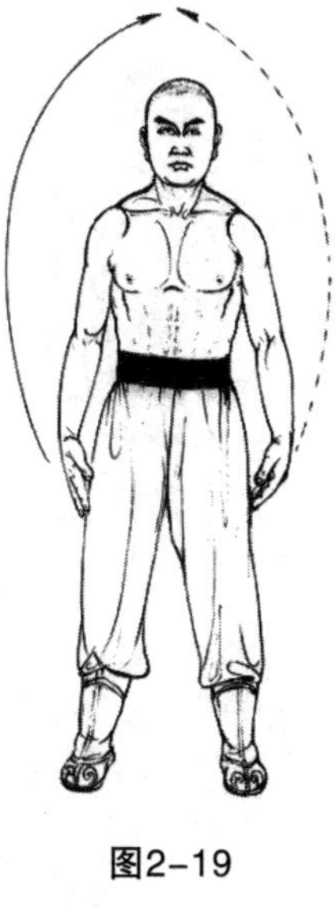

图2-19

2. 两掌内旋，从体侧上托至头顶正上，掌心向上，指尖相对；同时，吸气。（图2-20）

图2-20

图2-21

3. 两掌沿体前下按至小腹前；同时，呼气。（图2-21）

4. 双掌合抱小腹，左掌在内，右掌在外；意守丹田几分钟。再深、匀、细、长地呼吸，同时双掌以顺时针方向揉摩丹田几十圈，速度均匀，意想气聚丹田。（图2–22）

图2–22

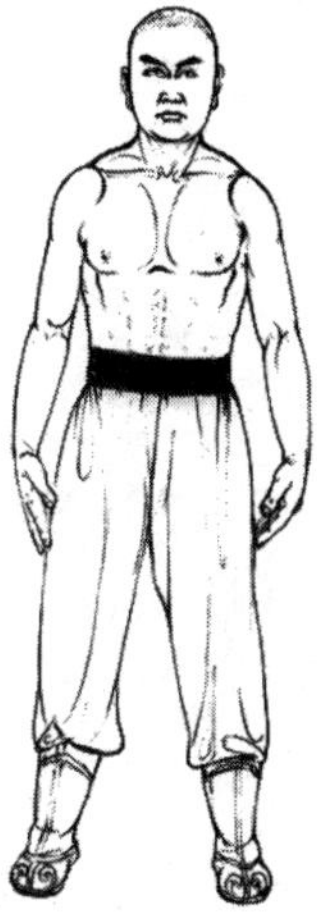

图2–23

5. 然后，放下双掌，垂于体侧，全身放松，调整呼吸，即为收功。（图2–23）

第二节　吞吐劲

吞吐劲，通过两掌吞吐，结合呼吸法，以期练习两掌暗劲，求得“蓄发无形”——随时可蓄劲、可发劲的内劲能力。这是一种独特的武术内功法。

一、青龙探珠

【练法】

1. 两脚开步，与肩同宽，正身直立，全身放松；两掌垂于体侧。呼吸自然。目视前方。（图2-24）

图2-24

2. 右掌抱于小腹；左掌前伸，高与肩平，肘臂略屈，指尖向上，五指略分，掌心向前。（图2-25）

图2-25

图2-26

3. 完成上动预备后，左掌引气（劳宫穴内收，有吞劲之意），配合鼻缓缓吸气，愈慢愈好；同时，肩、肘、腕、指均有内吞之势。（图2-26）

然后，以鼻喷气，左掌松劲。一吸一呼，为一次，反复练习。

4. 接着，练习右掌引气，方法同上。（图2–27、图2–28）

图2–27

图2–28

5. 右掌收抱于左掌背，调息数次。（图2–29）

图2–29

二、双龙吸珠

【练法】

1．承接上势。双掌向前伸出，掌心向前，腕高平肩，指尖向上，十指略开，两肘略屈。（图2-30）

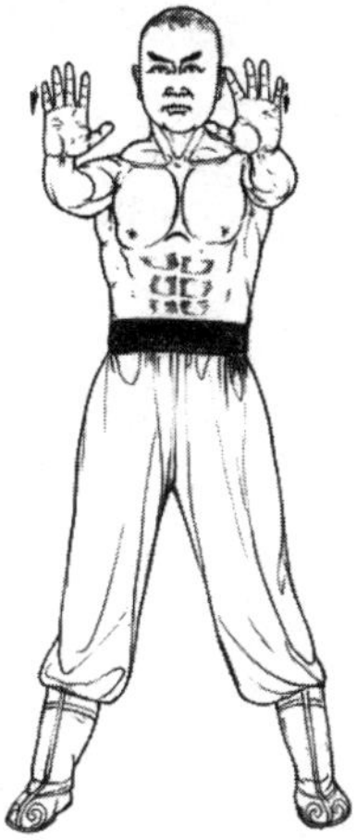

图2-30

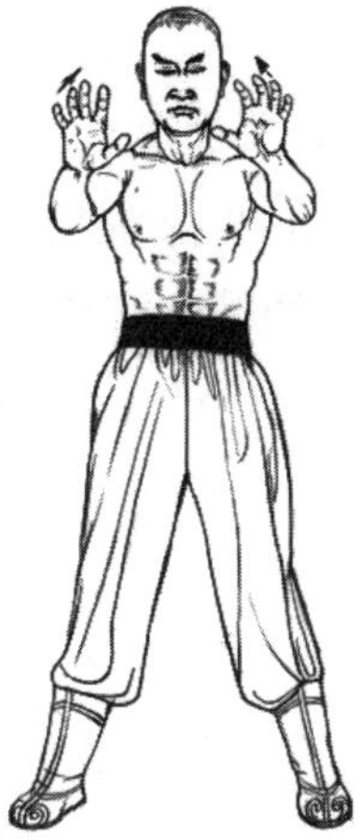

图2-31

2．完成上动预备后，以鼻徐徐吸气；同时，双掌向内引气，劳宫内含，十指略屈。（图2-31）

3. 以鼻喷气，两掌松劲前吐。（图2–32）

上述动作，一吸一呼，为一次，反复练习。

图2–32

图2–33

4. 两掌放下，合抱小腹，左掌心贴住右掌背，虎口向上，调息数次。（图2–33）

三、龙虎结丹

【练法】

1. 承接上势。右掌后收，掌背贴于腰部（命门穴部位），指尖向左，虎口向上；同时，左掌侧开（约45°），掌心向前，指尖斜向下，手臂放松。目视左掌。（图2–34）

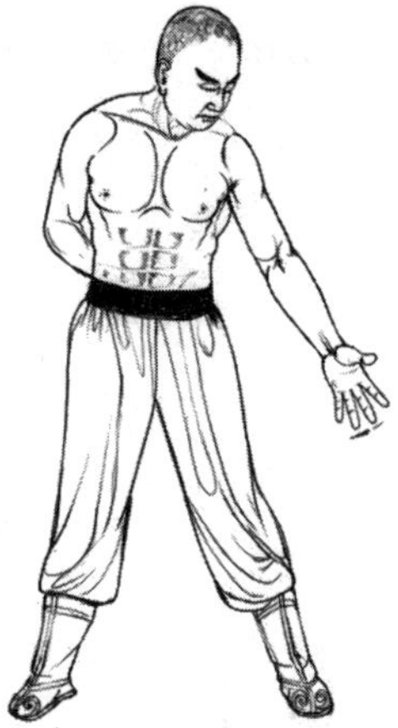

图2–34

图2–35

2. 完成上动预备后，以鼻徐徐吸气；同时，左掌向内引气，左腕内旋，劳宫内含，五指略屈。（图2–35）

3. 以鼻喷气，左掌松劲前吐。（图2-36）

上述动作，一吸一呼，为一次，反复练习。

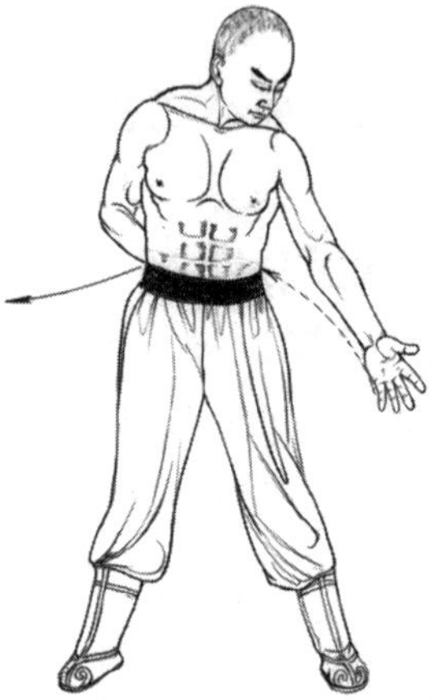

图2-36

4. 上为左势，继练右势，方法同上。（图2-37~图2-39）

图2-37

图2-38

图2-39

5. 两掌放下，合抱小腹，左掌在外，虎口向上，调息数次。（图2-40）

图2-40

四、抟气致柔

【练法】

1. 承接上势。两掌侧开约45°，掌心向前，指尖斜向下，臂膊放松。目视前下方。（图2-41）

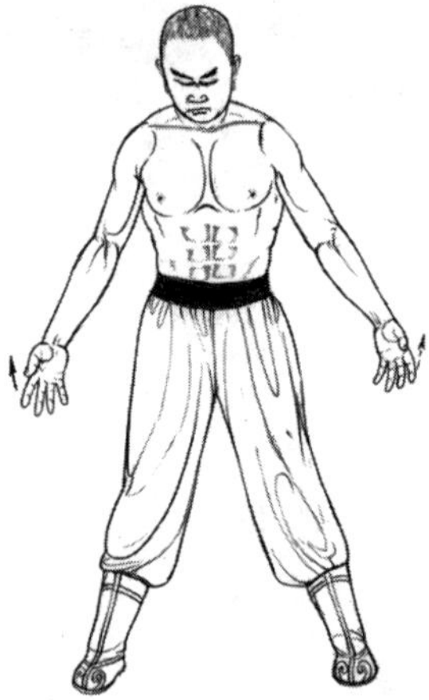

图2-41

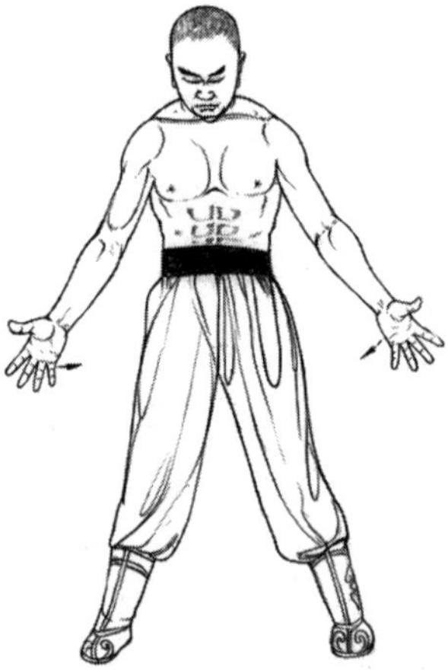

图2-42

2. 完成上动预备后，以鼻徐徐吸气；同时，两掌向内引气，劳宫内含，十指略屈。（图2-42）

3. 以鼻喷气，两掌松劲前吐。（图2–43）

上述动作，一吸一呼，为一次，反复练习。

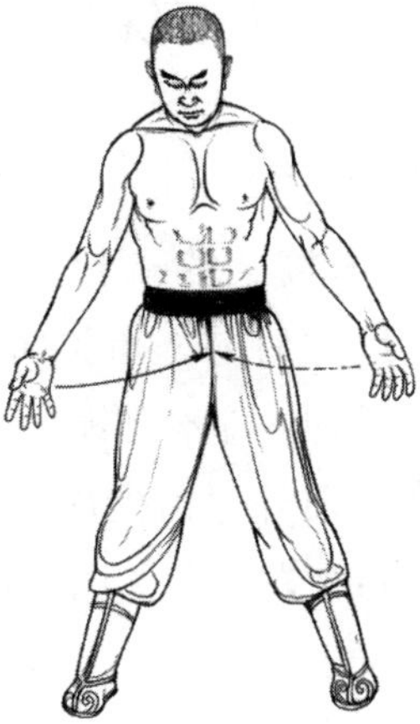

图2–43

图2–44

4. 两掌放下，合抱小腹，左掌心贴右掌背，虎口向上，调息数次。（图2–44）

五、青龙探爪

【练法】

1. 承接上势。抬起右掌，用掌心贴抱后脑，指尖向左；同时，左掌向左举臂平肩，坐腕竖掌，掌心向外，指尖向上，五指略开。目视左掌。（图2-45）

图2-45

图2-46

2. 完成上动预备后，以鼻徐徐吸气；左掌向内引气，劳宫内含，五指略屈；同时，右肘外开扩胸。（图2-46）

3. 以鼻喷气，左掌松劲前吐。（图2–47）

上述动作，一吸一呼，为一次，反复练习。

图2–47

4. 继练右掌，方法同上。（图2–48、图2–49）

图2–48

图2–49

图2-50

5. 两掌放下，合抱小腹，调息数次。（图2-50）

六、雄鹰振翅

【练法】

1. 承接上势。两掌向左右两侧举臂平肩，掌心向外，指尖斜向上，十指略开。（图2-51）

图2-51

2. 完成上动预备后，以鼻徐徐吸气；同时，两掌向内引气，劳宫内含，十指略屈。（图2–52）

3. 以鼻喷气，两掌松劲前吐。

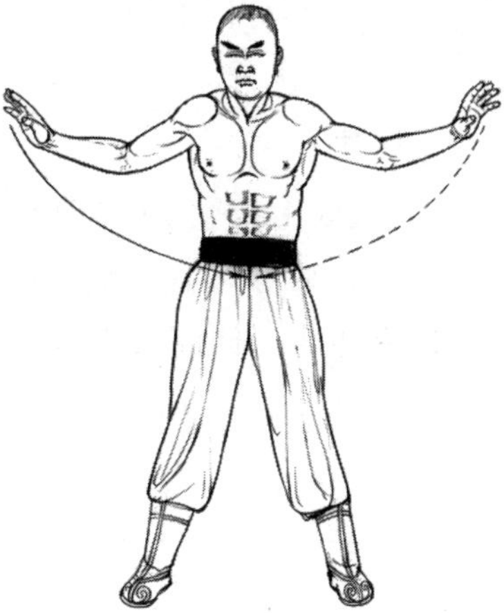

图2–52

图2–53

上述动作，一吸一呼，为一次，反复练习。

4. 两掌放下，合抱小腹，调息数次。（图2–53）

七、掌纳日月

【练法】

1. 承接上势。两掌向头顶上方托举，掌心向上，指尖略相对，臂成环状。仰面目视双掌。（图2-54）

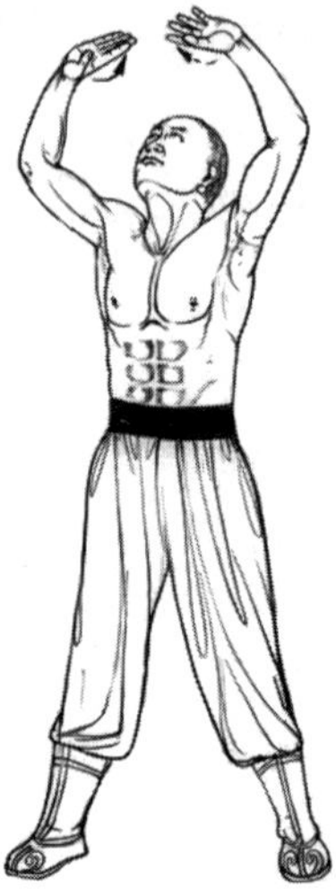

图2-54

图2-55

2. 完成上动预备后，以鼻徐徐吸气；同时，两掌向内引气，劳宫内含，十指略屈，掌根缓缓旋向前方，指尖向后，虎口相对。（图2-55）

3. 以鼻喷气，两掌松劲，指尖略相对。（图2–56）

上述动作，一吸一呼，为一次，反复练习。

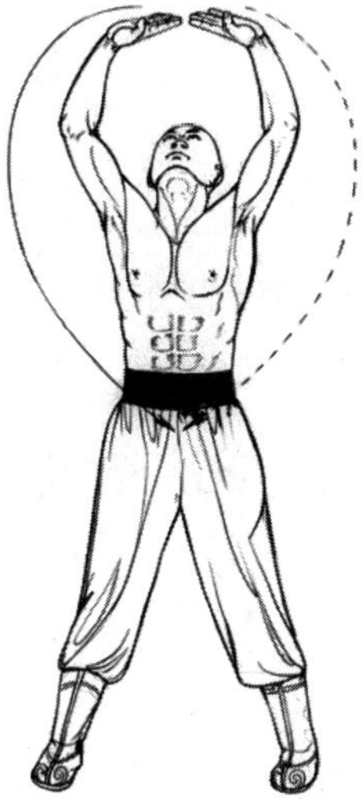

图2–56

图2–57

4. 两掌放下，合抱小腹，调息数次。（图2–57）

第三节　穿透劲

此功以吞吐劲作基础，主要练习掌功向外发劲，以期尽快练成两掌劲力的抖弹灵变。

一、李广射虎

【练法】

1. 两脚开步，与肩同宽，正身直立，全身放松；两掌垂于体侧。呼吸自然。目视前方。（图2-58）

2. 左脚向左侧跨一步，左转身，成左弓步。（图2-59）

图2-58

图2-59

3. 两掌半握拳向前伸臂，拳心相对，高与小腹平。目视前下。（图2-60）

图2-60

图2-61

4. 右臂屈肘上提，右拳置于右胸前，后臂平肩，拳心向里；左拳变掌，伸臂向左前上挑，略与肋平，指尖向上；同时，身体重心移于右腿屈蹲，左腿撑直。左掌前撑，右拳尽量拉回，犹如拉满弓箭一般；目视左掌。（图2-61）

5. 身右转成右弓步，进行右势练习，方法与左势相同，唯方向相反。（图2-62、图2-63）

上述动作，一左一右，反复练习。

图2-62

图2-63

6. 两掌收贴于两大腿外侧，调匀呼吸。（图2-64）

图2-64

二、推山填海

【练法】

1. 承接上势。左脚尖外展，重心左移，成左弓步；左掌收于左腰间，掌心向上；右掌向左撩起，高与裆平，虎口向前；同时，深吸气。目视右掌。（图2-65）

图2-65

图2-66

2. 身体重心右移，屈膝蹲成左半马步；右掌拉回右腰间，左掌左向横推，置于身体左下方，高与裆平，掌心向前下，指尖斜向前上；同时，以鼻将气喷出。目视左掌。（图2-66）

3. 右转身，接练右推掌，方法与左推掌相同，唯方向相反。（图2–67、图2–68）

上述动作，一左一右，反复练习。

图2–67

图2–68

4. 右脚内收一步，伸腿立身；两掌收贴于两大腿外侧；调匀呼吸。（图2–69）

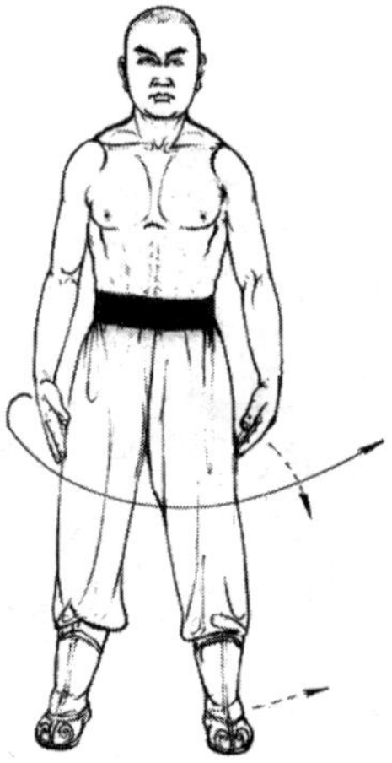

图2–69

三、投鞭断流

【练法】

1. 承接上势。身体左转，左脚向左侧跨一步，成左弓步；同时，左掌撑按于左大腿下部；右掌自右侧绕膝画弧至左膝外侧上方，掌心向上，右臂伸直。目视右掌。（图2–70）

图2–70

图2–71

2. 吸气；右掌转腕上提于额头左前侧；左弓步不变。上体迅速右转，右掌向右侧劈下，高与肩平，虎口向上；同时，以鼻喷气。目视右掌。（图2–71）

3. 左腿蹬伸，重心移于右腿，成右弓步；同时，右掌下按于右大腿下部，练习左劈掌。方法与右劈掌相同。（图2-72、图2-73）

上述动作，一左一右，反复练习。

图2-72

图2-73

4. 左脚内收一步，伸膝立起；两掌收贴于两大腿外侧；调匀呼吸。（图2-74）

图2-74

四、仙人指路

【练法】

1. 承接上势。身体重心移于右腿，略屈右膝，左腿伸膝，成高虚步；同时，吸气；两掌收于左大腿前侧，指尖斜向前下，掌心相对，虎口向前，两臂伸直。目视前下。（图2–75）

图2–75

图2–76

2. 右掌内收，抱于小腹；以鼻喷气；左掌向前下抖出，力吐掌心，指尖斜向前上。目视左掌。（图2–76）

3. 上体右转，接练右抖手，方法与上述左抖手相同。（图2–77、图2–78）

上述动作，一左一右，反复练习。

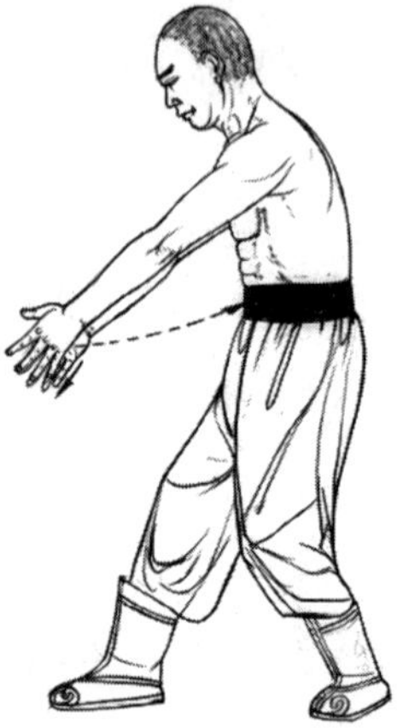

图2–77

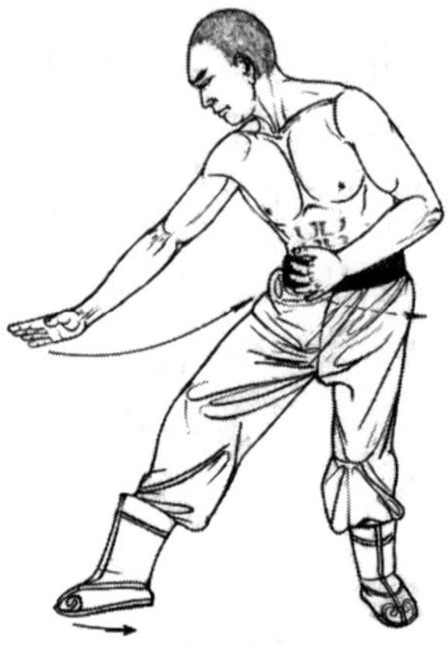

图2–78

4. 上体转正，两掌收贴于两大腿外侧；调匀呼吸。（图2–79）

图2–78

五、大鹏振翅

【练法】

1. 承接上势。双掌挑起，沿肋前向上提至胸前，掌棱贴胸，虎口向前，指尖向上；同时，以鼻吸气至满。（图2–80）

图2–80

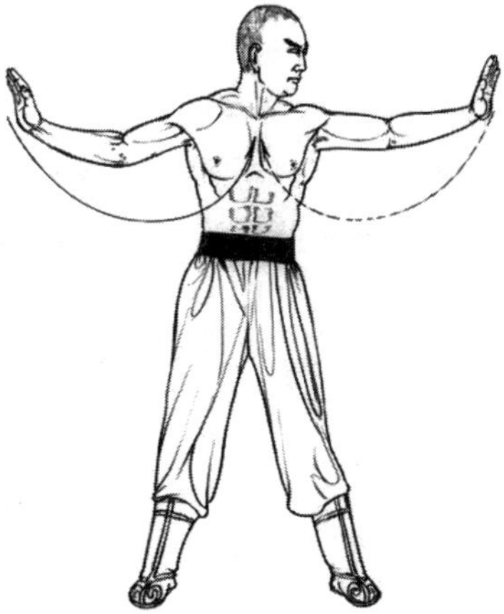

图2–81

2. 以鼻喷气。头左转，两掌向左右两侧展臂推撑，一字平肩，坐腕竖掌。目视左掌。（图2–81）

3. 吸气；两掌下落，沿肋前上提至胸前，掌棱贴胸，虎口向前，指尖向上。（图2-82）

图2-82

图2-83

4. 以鼻喷气；头右转，两掌向左右两侧展臂推撑，一字平肩，坐腕竖掌。目视右掌。（图2-83）

上述动作，一左一右，反复练习。

5. 两掌放下，抱于小腹，左掌心抱贴右掌背，虎口向上；调息数次。收势。（图2-84）

图2-84

第四节　玄掌功

此功不接不触，全靠意念，为内功之“意想假借”秘法，可有效提高“以意贯劲”的内功能力，练之可益气增力，且可增加练功乐趣。

一、龙吞虎纳

【练法】

1. 准备小圆球，置于水盆之中。双掌心向下，指尖向前，伸于浮球之上。（图2-85）

图2-85

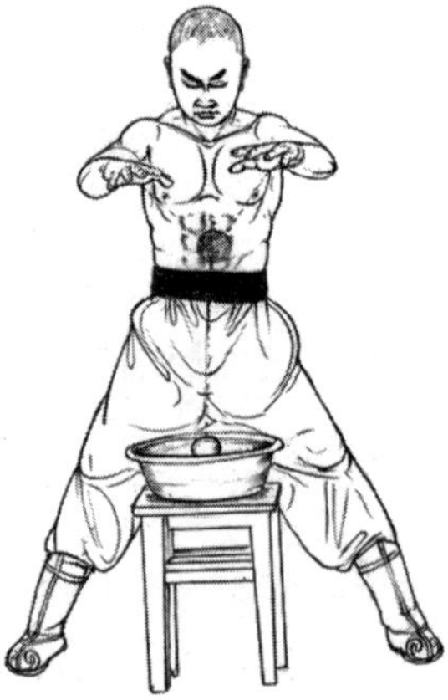

图2-86

2. 用鼻缓缓吸气，双掌缓缓上提；同时，意想双掌将小球吸起。当双掌上提与胸平时，用鼻呼气，意想小球回落。此功也可单掌练习。次数自定。（图2-86）

二、游龙戏珠

【练法】

1. 准备小圆球，置于凳面上。双掌心向下，指尖向前，伸于球上。（图2–87）

图2–87

图2–88

2. 用鼻缓缓吸气，双掌缓缓随身体左移而逐渐提转，意想双掌吸转小球而滚至左侧。接着呼气，双掌随身体右移而移动，意想双掌吸转小球至右侧。如此练习，次数自定。此功也可单掌练习。球之转向与呼吸方法，不必拘泥举例之设定，可自请随意。（图2–88）

玄掌功的此类练法，为了方便，也可不用实物，直接意想，空练双掌“内劲”。如果再设想与敌对搏，双掌使出多种招势与劲力，对练功与实战皆有不少好处。这类练习法，在体育竞赛训练中多有应用，并非玄学。

第三章

养生混元功

养生混元功，又名“养生混元劲”，据说为顾汝章所传。笔者综合多种练法，今首次整理出来，谨供读者选练而强身健体。

混元功法，是将意念、呼吸、动作三者结合起来，进行锻炼的一种传统练功方法。此功内外兼修，快慢结合，在思想集中的前提下，以连贯圆活的动作结合呼吸吐纳，全面锻炼人体意、气、力，因此达到外强筋骨、内壮脏腑的功效。

常练此功，可使人神气饱满，精力充沛，筋骨健壮，耐力增强，有助技击。对于有病者或体弱者，还可专门练习作为理疗之用，祛病保健，益寿延年。

一、三起手

【练法】

（一）预备

两脚小开步，正身直立，全身放松；两掌垂于体侧；含胸拔背，头部正直。呼吸自然。目视前方。（图3-1）

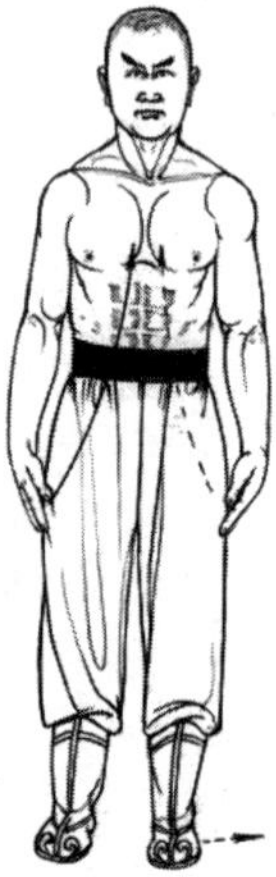

图3-1

图3-2

（二）开合

1. 两掌循弧线提至胸前，约与乳平，掌心向上，指尖相对。（图3-2）

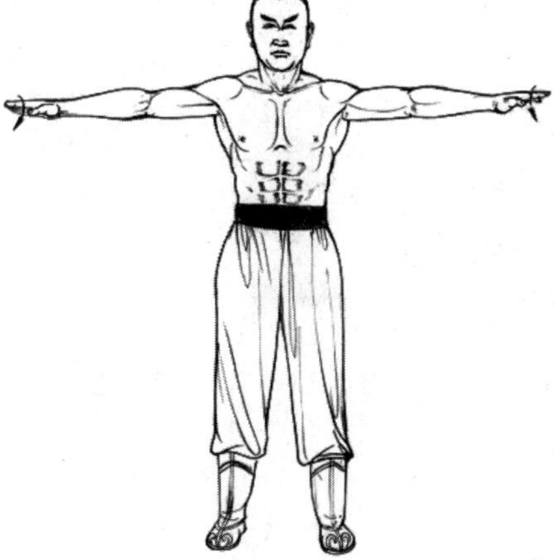

2. 两掌翻转，向左右分开，两臂平肩，掌心向下，指尖向外。（图3-3）

图3-3

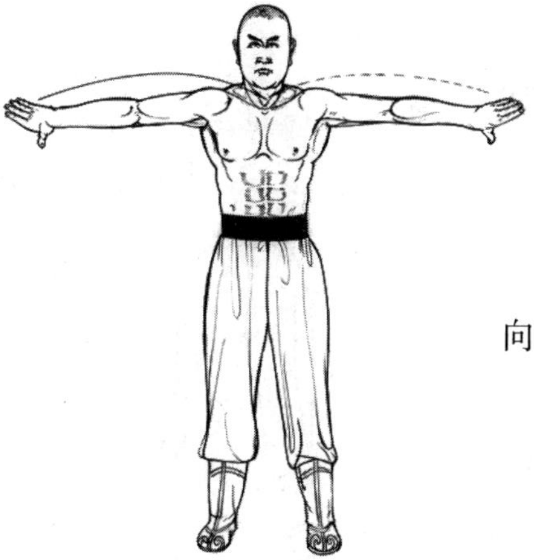

3. 两掌旋转成侧掌，虎口向下，掌心向后。（图3-4）

图3-4

4. 两掌沿水平线缓缓向前靠拢，掌背相贴，两臂前伸，虎口向下，指尖向前，高与肩平。（图3-5）

图3-5

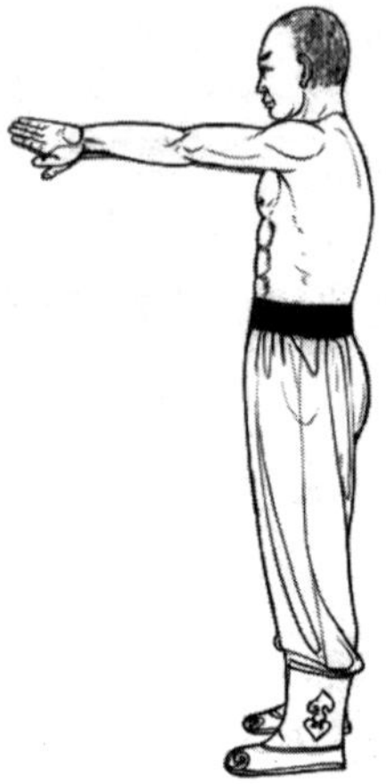

图3-5附图

5. 两掌屈指握拳。（图3-6）

图3-6

6. 翻转成拳心向上，小指侧相贴。（图3–7）

7. 两拳缓缓收至胸前，拳面相贴，拳心向上。（图3–8）

8. 两拳向左右分开收至两肋侧，拳棱紧靠两肋。（图3–9）

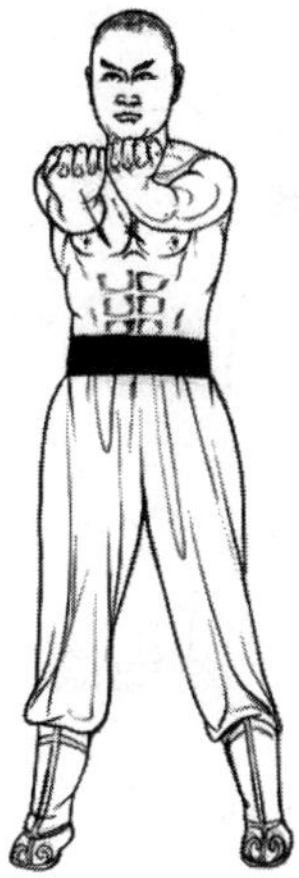

图3–7

图3–8

图3–9

（三）左右推掌

右推掌

1. 左拳不动；右拳内旋变掌，置于胸右侧，指尖向上，掌心向前。（图3–10）

图3–10

图3–11

2. 右掌沿胸前缓缓向左方推至左后臂前侧，位于左拳之上。（图3–11）

3. 右掌握拳向外翻转，拳心向上，继沿胸收到右肋，靠紧一夹。（图3–12 ~ 图3–14）

图3–12

图3–13

图3–14

左推掌

练法与上述右推掌相同，唯方向相反。

（四）左右按掌

右按掌

1. 左拳不动；右拳内旋变掌，置于胸右侧，指尖向上，掌心向前。（图3–15）

图3–15

图3–16

2. 右掌移向左胸前，指尖向左，掌心向下。（图3–16）

3．右掌经左腹侧前缓缓下按，至右大腿前侧，直至右臂伸直，指尖向左。（图3–17）

图3–17

图3–18

4．右掌屈指握拳，外旋成拳心向上。（图3–18）

5. 右拳经腹前向上提至胸前。（图3-19）

图3-19

图3-20

6. 右拳收到右肋。（图3-20）

左按掌

练法与上述右按掌相同，唯方向相反。

【要点】

1. 动作要求缓慢、均匀、连贯、圆活、有节奏。

2. 手指、脚趾稍微用力。

注：本功所有呼吸皆要求与动作自然相融，该呼就呼，该吸就吸，该长就长，该短就短，呼吸随动，自然而然。

二、两侧半边月

【练法】

（一）左侧半边月

1. 两拳内旋变掌提至肩上耳侧，掌心向上，指尖向里；两肘外展，后臂平肩。（图3-21）

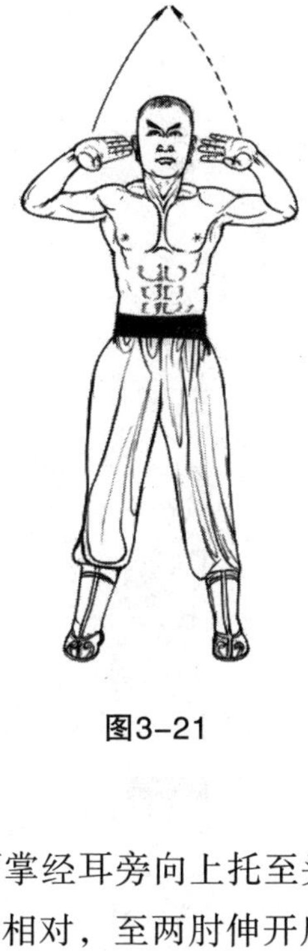

图3-21

图3-22

2. 两掌经耳旁向上托至头顶正上，指尖相对，至两肘伸开后，左掌抓住右掌四指，虎口对贴，掌心向上。（图3-22）

3. 两臂伸举不变，上体左转约90°，面向左侧。（图3-23）

图3-23

图3-24

4. 上体右转，面向右侧。（图3-24）

5. 将上身向后偏左慢慢侧倾，面部向上。（图3–25）

图3–25

图3–26

6. 上身向左侧缓缓扭转。（图3–26）

7. 面部向下，两掌左伸。（图3–27）

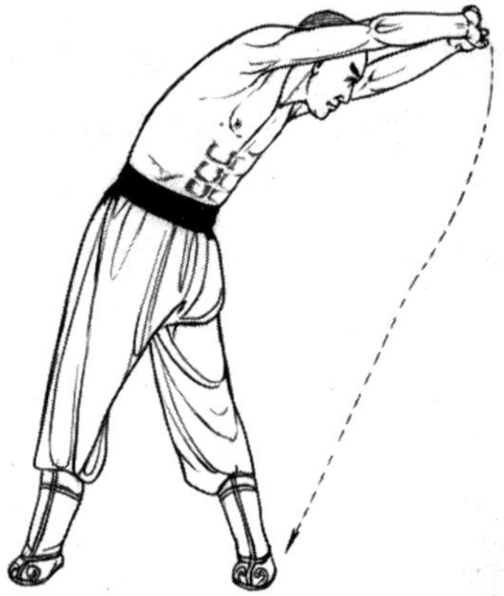

图3–27

8. 弯腰下俯，两臂伸直，两手落于左脚外踝旁。（图3–28）

图3–28

9. 两手沿左脚尖慢慢转向正前方。（图3–29）

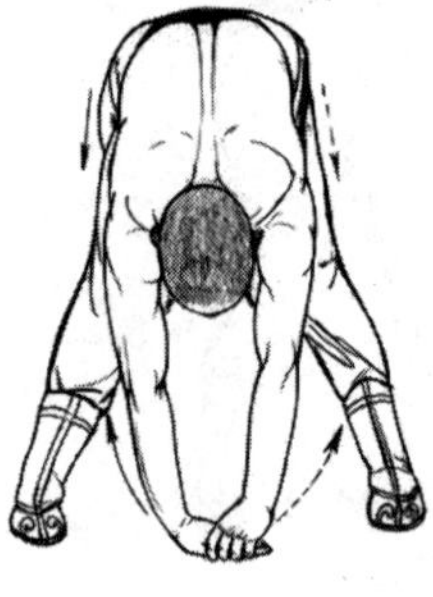

图3–29

10. 两手松开，掌心向下，指尖相对，两臂屈曲；同时，屈膝、开裆、昂首、塌腰、突臀，使身体成伏蛙状。（图3-30）

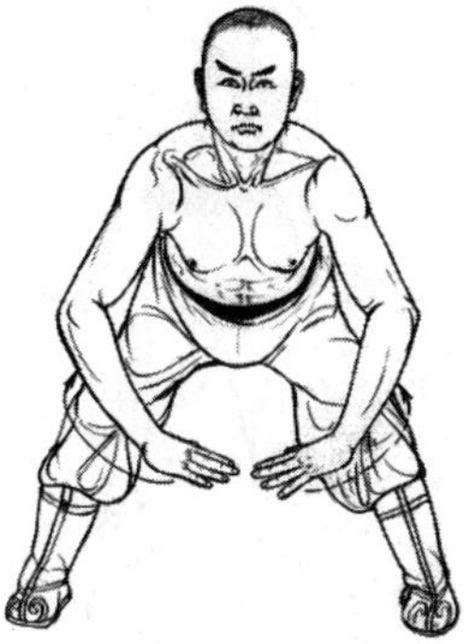
图3-30

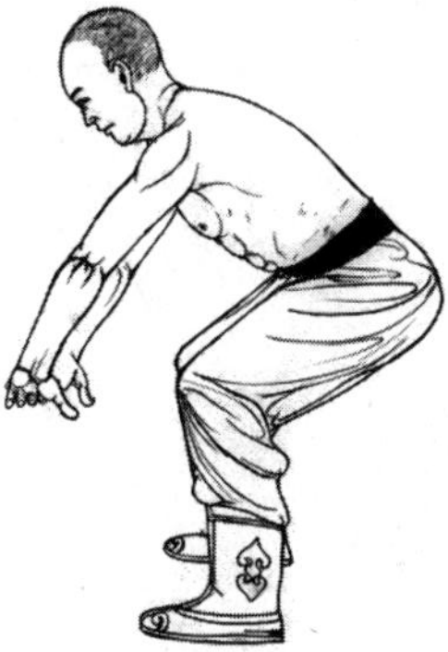
图3-30附图

11. 抬头挺胸，臀部下坐，屈膝开裆；两手握拳，拳心向前，两臂伸直，置大腿后侧；两脚尖外展，成外八字状。（图3-31）

图3-31

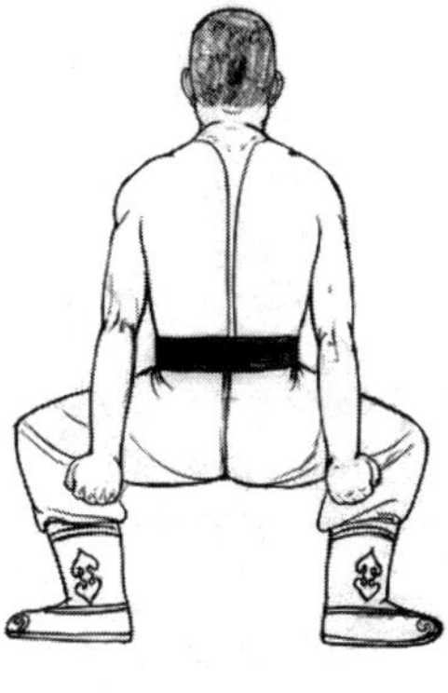
图3-31附图

12. 两臂垂直，身体缓缓起立。（图3-32）

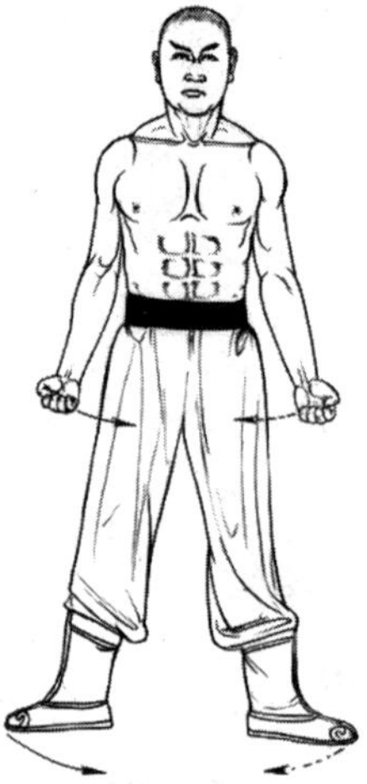

图3-32

图3-33

13. 两脚尖内扣；两拳心转向内，置于大腿前侧，拳眼相对。（图3-33）

14. 两拳经腹前缓缓上提至胸，拳心向上，拳面相贴。（图3-34）

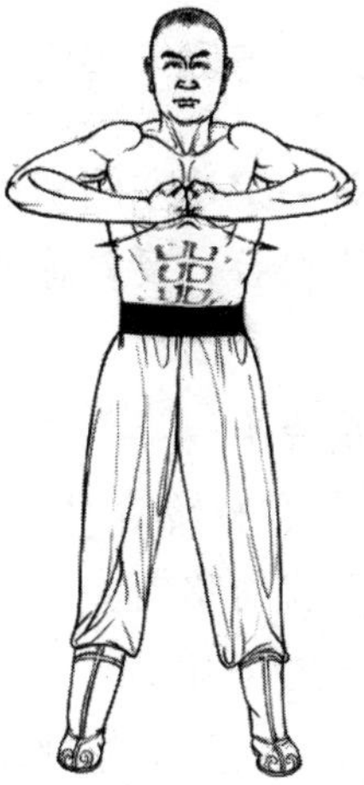

图3-34

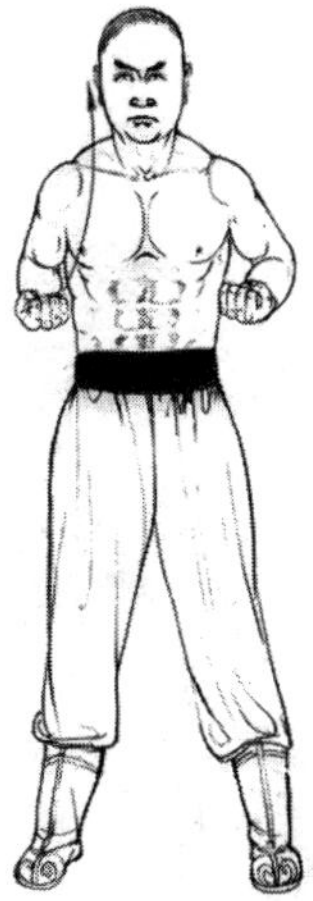

图3-35

15. 两拳向左右缓缓分开，收至肋旁。（图3-35）

（二）右侧半边月

练法与上述左侧半边月相同，唯方向相反。

左右交替，反复练习。

【要点】

1. 左、右转体时动作稍快，仰面转体时动作宜慢。弯腰下俯时，两脚勿移动。

2. 成伏蛙状时，要昂首、塌腰。挺胸下坐和握拳时要快，脚跟不动，仅脚尖随动作的变化而外展、内收。

三、天空抓地虎

【练法】

（一）右侧天空抓地虎

1. 左拳置于肋旁不动；右拳变掌，举于肩上耳侧，右肘屈曲外展，掌心向上，指尖对耳。（图3–36）

图3–36

2. 右掌伸臂上举于头顶上方。（图3–37）

图3–37

图3–38

3. 下盘不动，上体左转，面向左方。（图3–38）

4. 上体右转，面向右方。（图3-39）

图3-39

图3-40

5. 上体缓缓向左偏后扭转，面向左下，右臂向左前斜上方伸直。（图3-40）

6. 上体向前弯腰下俯；右掌落于左脚外踝旁，掌心向下，指尖向左外侧。（图3-41）

图3-41

图3-42

7. 右掌沿左脚尖前缓缓转向正前方。（图3-42）

8. 右掌握拳外旋，拳面斜向前，手臂伸直；两脚尖同时外展，挺胸下坐。（图3–43）

图3–43

图3–44

9. 身体缓缓起立，两脚尖同时内扣；右拳经腹前正中，上提至胸，拳面向左。（图3–44）

10. 然后，将右拳收回右肋。（图3–45）

图3–45

（二）左侧天空抓地虎

练法与右侧相同，唯方向相反。

左右交替，反复练习。

【要点】

1. 左、右转体稍快，仰身转体动作宜慢，挺胸下坐时动作宜快。

2. 其他动作要缓慢、均匀、连贯，动作和呼吸要密切配合。

四、拗马登山

【练法】

（一）单鞭

1. 两拳变掌，循弧线提至胸前，屈肘平肩，指尖相对，掌心向下。（图3-46）

图3-46

2. 两掌向左右分开，一字平肩，掌心向下，指尖向外。（图3–47）

3. 两掌屈指握拳，拳心向下。（图3–48）

图3–47

图3–48

4. 两拳向外旋转，拳心向上。（图3-49）

图3-49

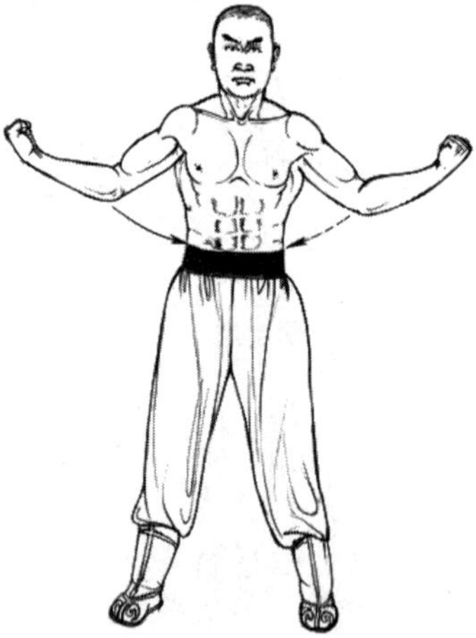

图3-50

5. 两肘尖缓缓下垂。（图3-50）

6. 后臂及肘尖向两胁靠拢。（图3–51）

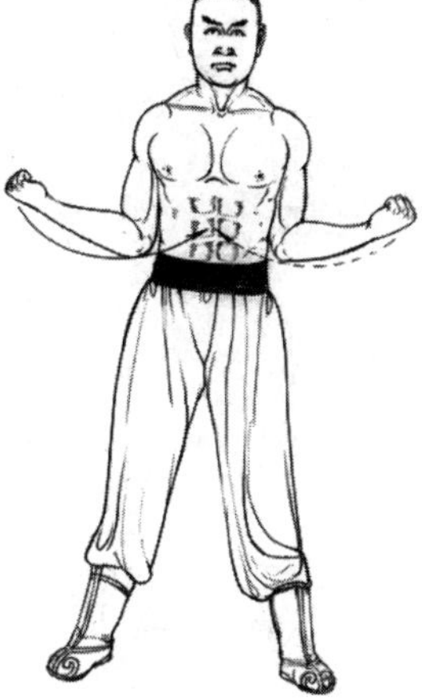

图3–51

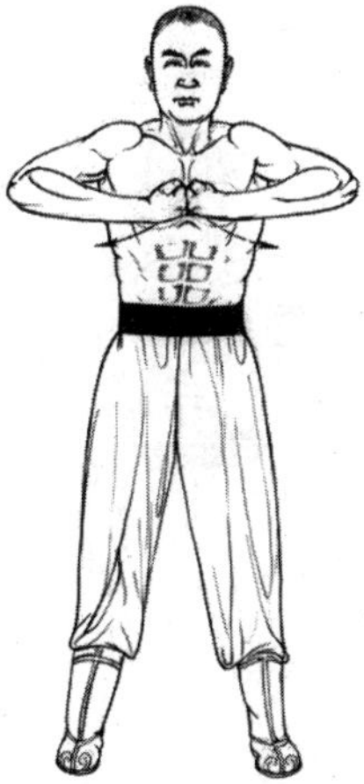

图3–52

7. 两拳再慢慢收回胸前（膻中穴前），拳面相贴，拳心向上。（图3–52）

图3-53

8. 两拳向左右分开，收至肋旁。（图3-53）

（二）拗马登山

1. 两拳变掌，循弧线提至胸前，两掌心均向下，右掌在上，左掌在下，两掌相距寸许，呈“二”字形。（图3-54）

图3-54

2. 两脚不动，上体左转；同时，右掌用力向左前方刺出，高与肩平，掌心向下；左掌向后一甩，掌变鹰爪，爪心向上。（图3–55）

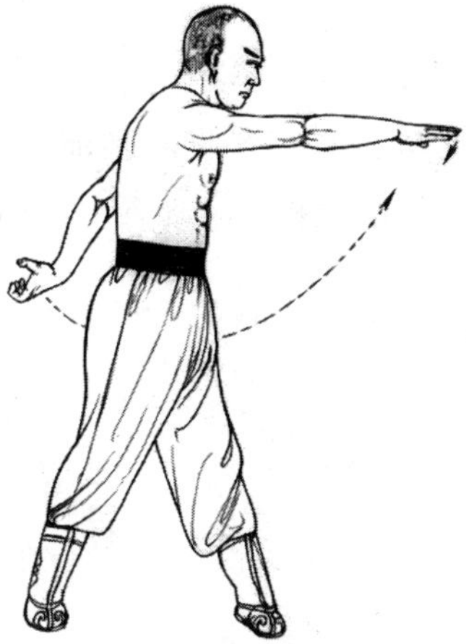

图3–55

图3–56

3. 体略右转；同时，右掌稍沉；左爪前掏，爪心向上。（图3–56）

4. 上体转正，左手鹰爪变掌，与右掌一齐收回胸前，掌心向下，指尖相对。（图3–57）

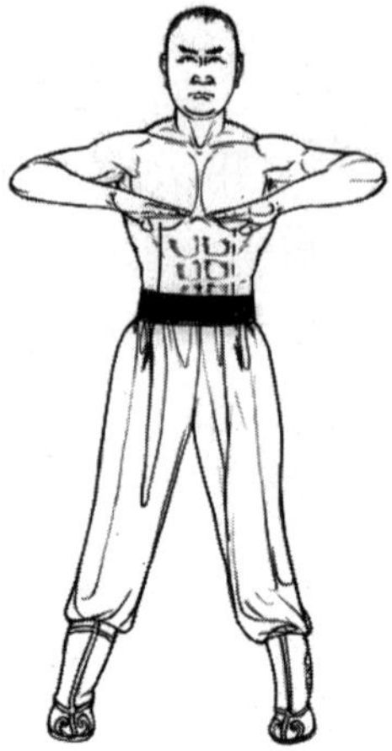

图3–57

图3–58

5. 两掌下按至两大腿前侧，指尖相对。（图3–58）

6. 两掌屈指握拳，拳心向下。（图3–59）

图3–59

图3–60

7. 两拳外旋，拳心向上。（图3–60）

8．两拳经腹前上提至胸前，拳面相贴，拳心向上。（图3–61）

图3–61

图3–62

9. 两拳左右分开，收回肋旁。（图3–62）

然后，练习右转身，与上述左转身练法相同，唯方向相反。

【要点】

1. 向左、右侧转身时，两腿要夹裆，两脚勿移动。

2. 掌前伸刺出和后甩可快可慢，慢为贯劲，快为发力。

五、凤凰闪翅

【练法】

（一）七星

1. 两拳变掌循弧线提至两肩前，指尖向上，掌心斜向前，拇指斜相对。（图3-63）

图3-63

2. 两掌平行向前缓缓推出，两臂伸直，腕高平肩。（图3-64）

图3-64

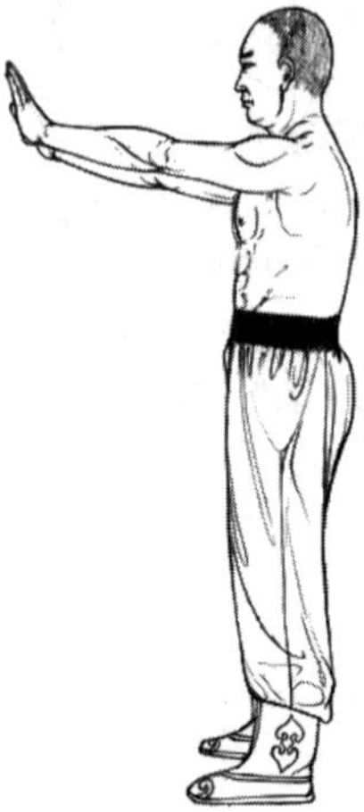

图3-64附图

3. 两掌缓缓握拳，向外旋转，拳心向上。（图3-65）

图3-65

4. 两拳缓缓收回胸前，拳心向上，拳面相贴。（图3-66）

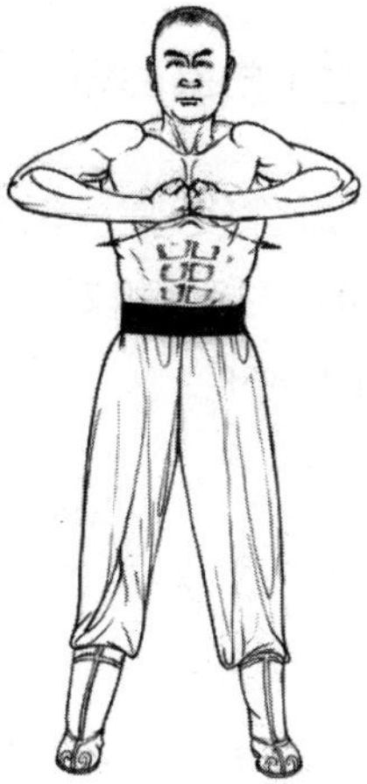

图3-66

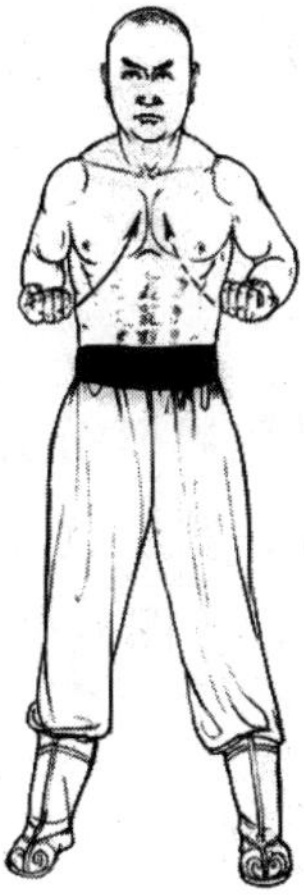

图3-67

5. 两拳向左右缓缓分开，收至肋旁。（图3-67）

（二）凤凰闪翅

1. 两拳变掌，循弧线上提至胸前，指尖相对，掌心向下。（图3–68）

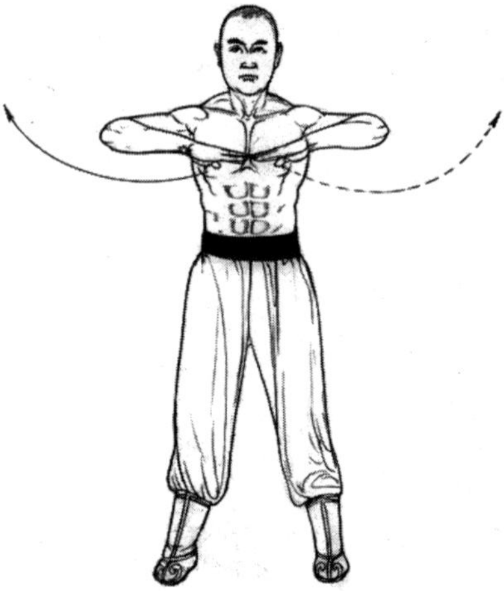

图3–68

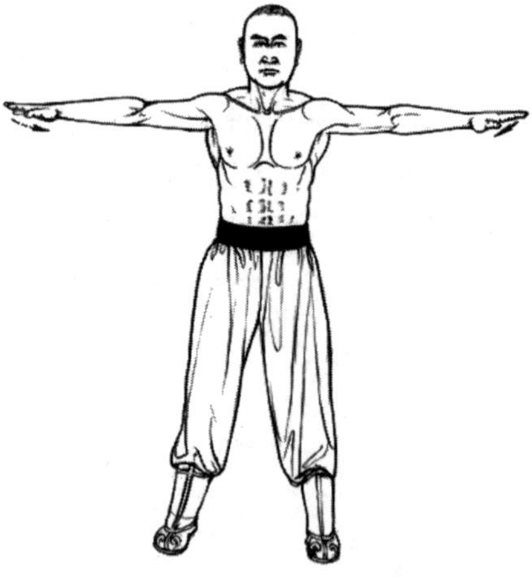

图3–69

2. 两掌向左右两侧缓缓展臂分开，一字平肩，掌心向下，指尖向外。（图3–69）

图3-70

3. 两掌向外翻转，掌心向上。（图3-70）

4. 两掌上托，高与头平。（图3-71）

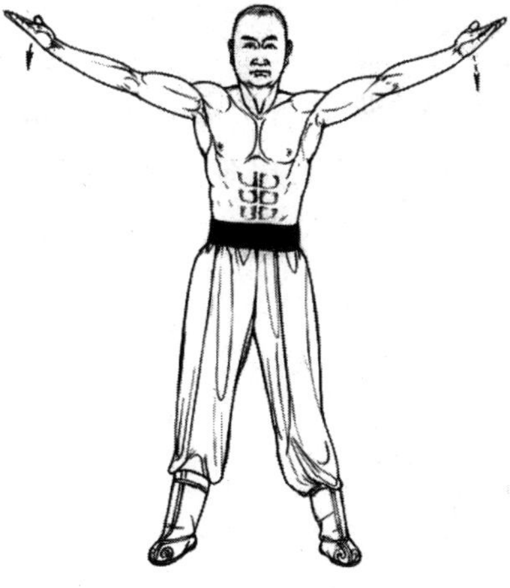

图3-71

图3-72

5. 两掌迅猛下跌，成一字平肩。（图3-72）

重复上述的两掌上托、两掌下跌，连续练习数遍。

6. 两掌向上迅速托举，两臂稍屈，指尖相对，掌心向上。（图3-73）

图3-73

7. 上体缓缓前俯，两掌向前下按，能接近地面最好，指尖相对，掌心向下。（图3–74）

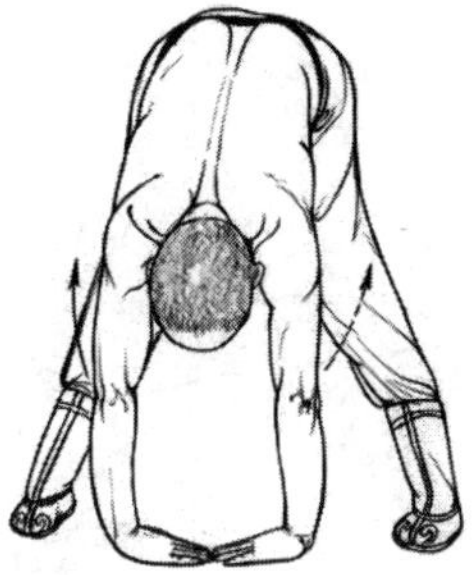

图3–74

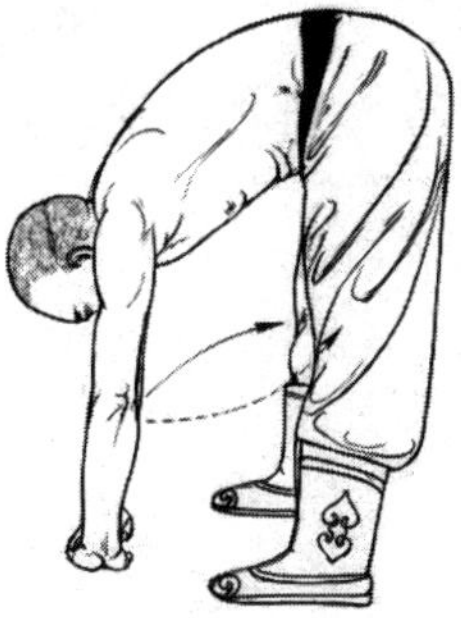

图3–74附图

8. 两掌、肘、臂一抖劲，两臂弯曲，屈膝开裆，昂首、塌腰、突臀，使身体成伏蛙状。（图3–75）

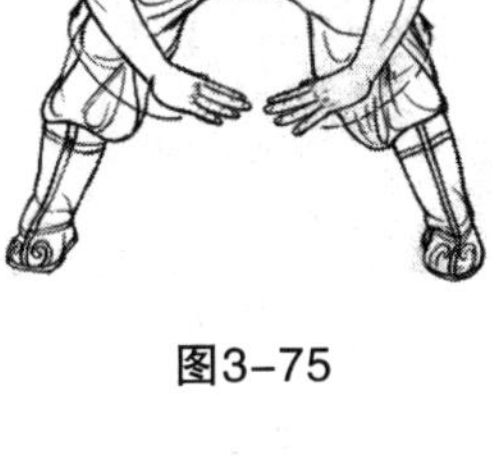

图3–75

9. 抬头、挺胸、下坐、屈膝、开裆；两掌握拳旋转，直臂伸于两大腿后侧，拳眼向外，拳心对腿弯；两脚尖外撇，两脚跟相对。（图3-76）

图3-76

图3-77

10. 两臂垂直，拳心向前；身体缓缓起立。（图3-77）

11. 两脚尖内扣；拳心内转向里，置于两大腿前。（图3–78）

图3–78

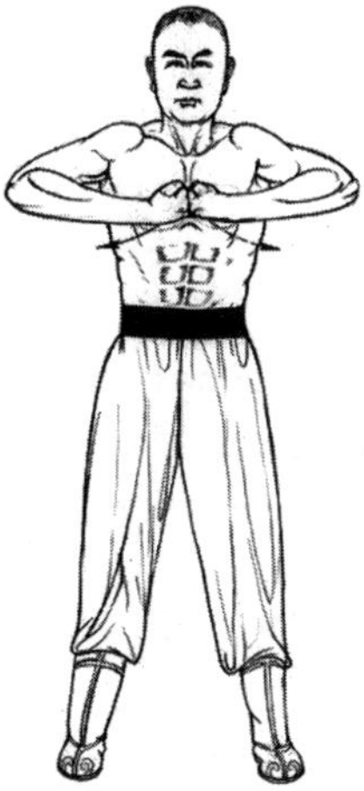

图3–79

12. 两拳经腹前向上提至胸前，拳面相贴，拳心向上。（图3–79）

13. 两拳向左右分开，收回肋旁。（图3–80）

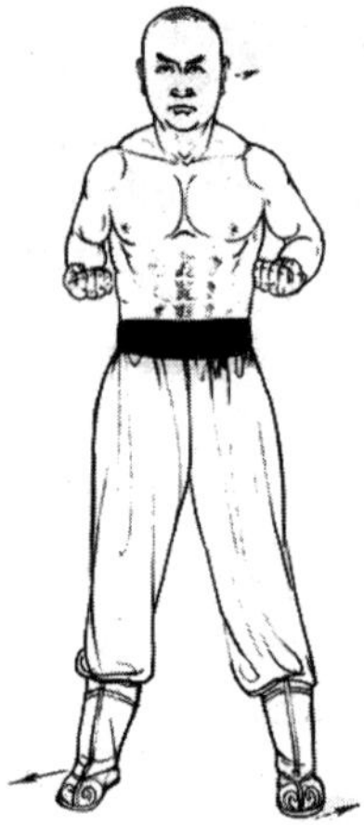

图3–80

【要点】

1. 两掌上托，动作宜缓慢，可意想掌托重物。

2. 两掌臂向下闪跌时，动作宜快而有力。

3. 身体勿随手之闪动而起伏。

六、七星排山掌

【练法】

（一）左侧七星排山掌

1. 两拳不动；上身向左侧快速一转，右腿后移半步挺膝伸直，左腿屈膝，成左弓步。（图3-81）

图3-81

图3-82

2. 两拳变掌内旋，拇指相对，掌心向前，指尖向上，高与胸平。（图3-82）

3. 两掌缓缓向前推出，两臂伸直，腕高平肩。（图3-83）

图3-83

图3-84

4. 两掌握拳向外翻转，拳心向上，两拳棱（小指侧）相靠。（图3-84）

5. 两拳收回胸前，拳面相贴，拳眼向上。（图3-85）

图3-85

图3-85附图

6. 两拳向左右缓缓分开，收回肋旁。（图3-86）

图3-86

（二）右侧七星排山掌

身体向右侧快速一转，其余动作与上述左侧排山掌相同，唯方向相反。

左、右交替练习，然后身体转正，左脚内收半步还原。（图3–87）

图3–87

【要点】

1. 左、右转体成弓步时，动作宜快。两掌向前推出和握拳翻转收回胸前时，动作宜缓慢用暗力。

2. 两掌向前推出时，手指要用力。

七、顶天立地

【练法】

1. 两拳变掌，右掌上举至耳边，掌心向上，指尖向后；同时，左掌落于左腰侧，掌心向下，指尖斜向右前。（图3-88）

图3-88

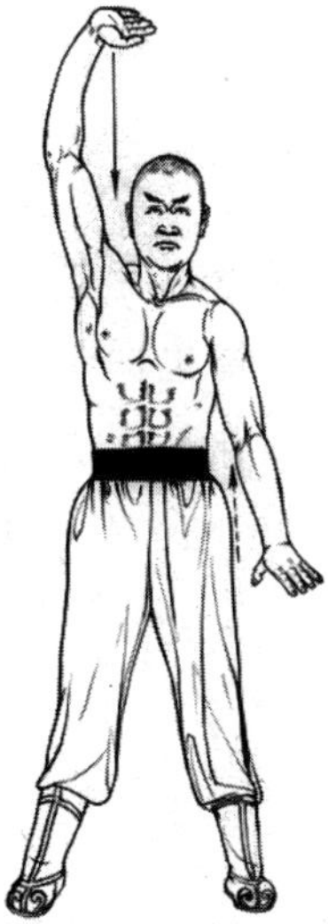

图3-89

2. 右掌伸臂上托；同时，左掌下按。（图3-89）

3. 然后两手一缩，右掌缓缓收回耳边，左掌收回腰侧。（图3-90）

上述动作反复练习。

图3-90

图3-91

4. 右掌落转至前方偏右，掌心向内，指尖向上；同时，左掌翻转，伸至小腹前，掌心向上，指尖向右。（图3-91）

5. 右掌下缩，与左指尖相对于肚脐前，掌心向上。（图3–92）

图3–92

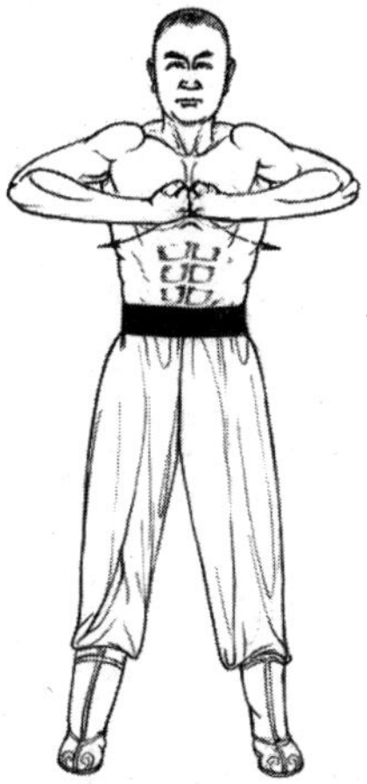

图3–93

6. 两掌上提至胸，屈指握拳，拳面相贴，拳心向上。（图3–93）

7. 两拳向左右分开，收至肋旁。（图3–94）

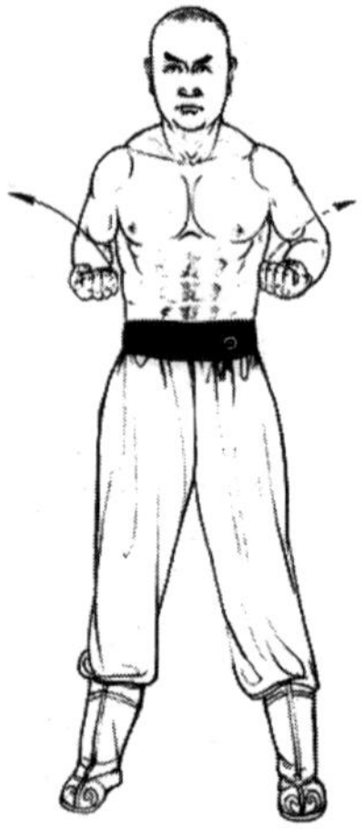

图3–94

练习左掌上托、右掌下按，方法与上述相同。

【要点】

1. 一掌上托、一掌下按时，动作宜快，掌指用力，但不要僵劲。

2. 收掌时宜慢。

3. 两掌旋转时，动作宜快。

八、双龙出洞

【练法】

1. 两拳变爪，爪心向下，分抓于身侧两旁，肘尖下垂贴于两肋，两爪微微张开，腕背向上，虎口向前。（图3–95）

2. 两爪向左右伸展，一字平肩。（图3–96）

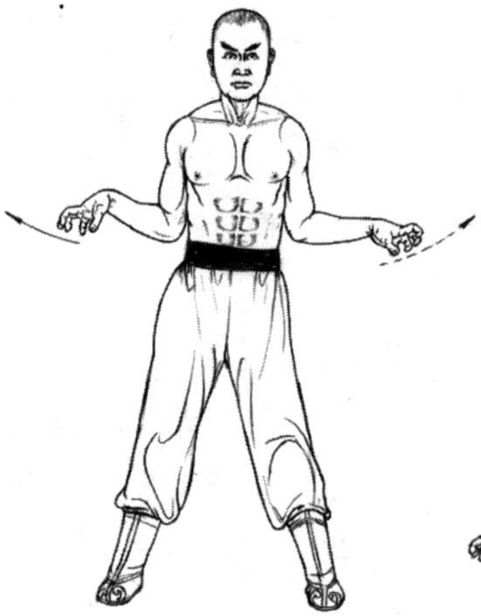

图3–95

图3–96

3. 两爪虎口领劲，向上、向前慢慢摆动，腕高平额。（图3-97）

图3-97

图3-98

4. 两爪用力向后一摆，伸臂平肩，动作宜快。（图3-98）

5. 两爪屈肘抖缩。（图3–99）

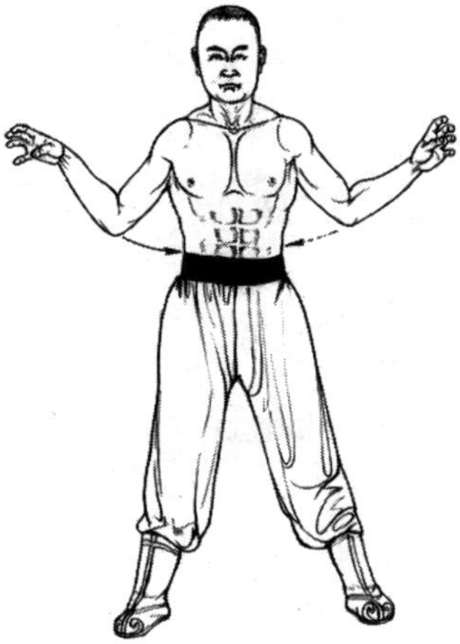

图3–99

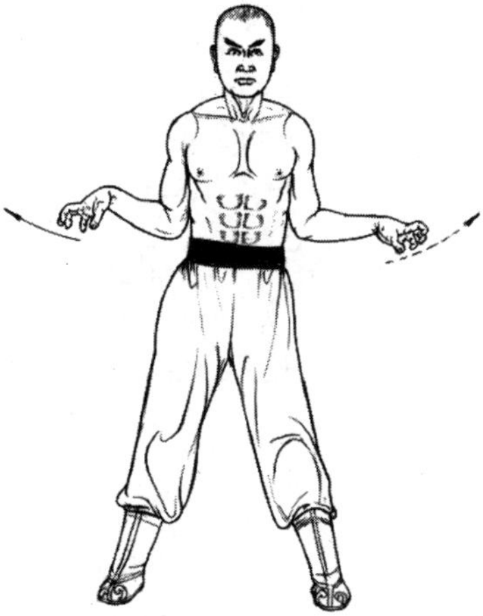

图3–100

6. 两肘尖缓缓下垂，后臂贴于两胁。（图3–100）

上述动作，连续练习。

7. 然后，两前臂向胸前靠拢，两爪握拳旋转，拳心向上，拳面相贴。（图3–101）

8. 两拳左右分开，收回肋旁。（图3–102）

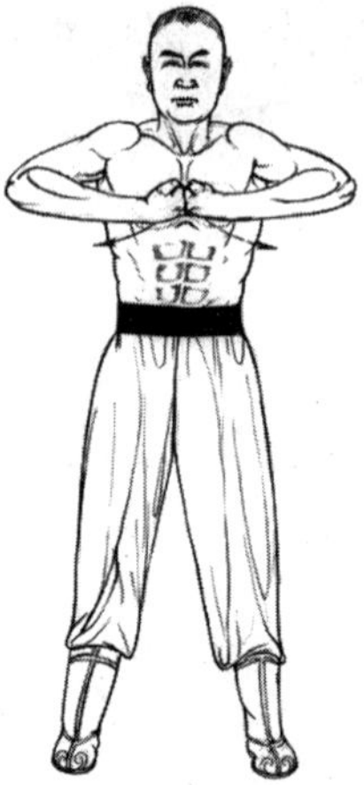

图3–101

图3–102

【要点】

1. 两臂前收时，动作宜慢；两臂后摆时，稍快有力。两手前后摆动各约30°。

2. 两掌变爪时，爪尖尽量内弯，手指分张用力，腕背向上。

九、独龙探爪

【练法】

1. 左拳不动；右拳变爪，置于右肋前侧，后臂贴于右肋，爪心向下，五指稍张开。（图3-103）

图3-103

图3-104

2. 右爪向右侧伸展，右臂平肩，虎口向前。（图3-104）

3. 虎口领劲，右爪缓缓向前摆动，约为30° 角。（图3-105）

图3-105

图3-106

4. 右爪向右一摆还原。（图3-106）

5. 右爪一缩，动作宜快。（图3–107）

图3–107

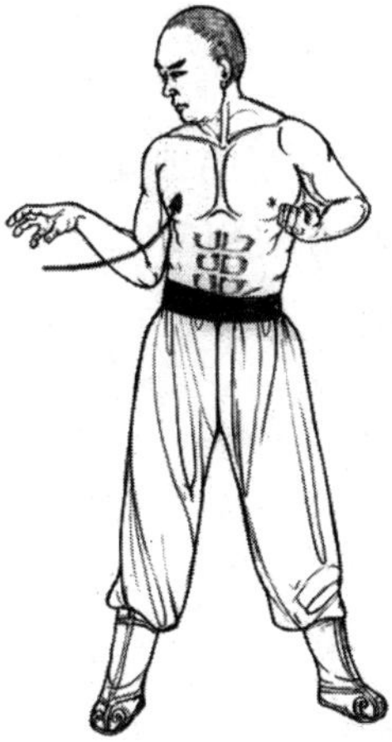

图3–108

6. 右肘尖缓缓下垂，贴于肋下。（图3–108）

7. 右爪收回胸前，翻转握拳，拳眼向上。（图3–109）

图3–109

图3–110

8. 右拳收至右肋。（图3–110）

接着，练习左侧独龙探爪，练法与右侧相同，唯方向相反。

上述动作，左右反复练习。

【要点】

1. 练功要点基本与“双龙出洞”相同，唯单手变爪伸出时，另一拳要紧靠肋旁不动。

2. 单手变爪伸出向前摆或向后摆时，身体要注意站稳，躯干切勿前俯后仰。

十、三尖贯顶

【练法】

1. 两拳变掌，内旋上举于肩上，掌心向上，指尖向里。（图3-111）

2. 两掌经耳旁上举过头约3厘米，指尖相对。（图3-112）

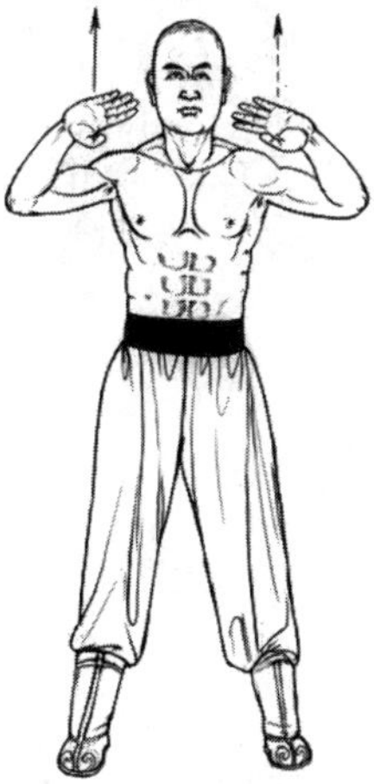

图3-111

图3-112

3. 左掌停住不动，右掌用力上伸。（图3–113）

图3–113

图3–114

4. 继而左掌用力上伸；同时，右掌下降，离头顶约3厘米。（图3–114）

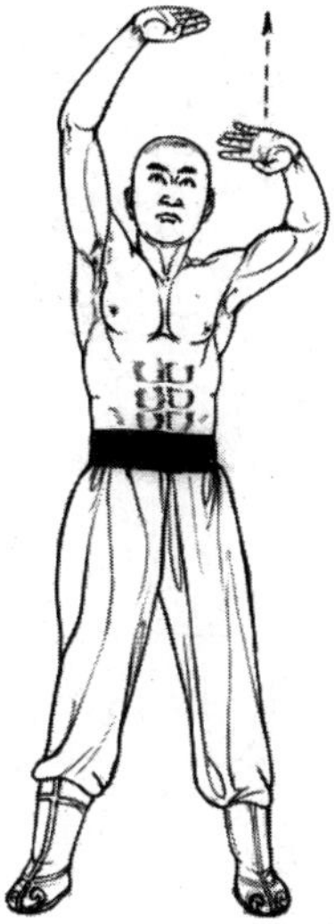

图3-115

5. 再右掌上伸，左掌下降。（图3-115）

上述动作，左右交替练习。

6. 左掌上伸，右掌不收回。（图3-116）

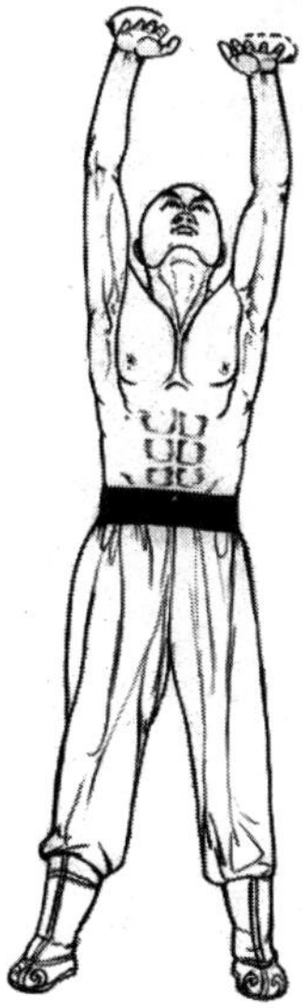

图3-116

7. 接着，两掌握拳向外旋转，拳心斜向下。（图3–117）

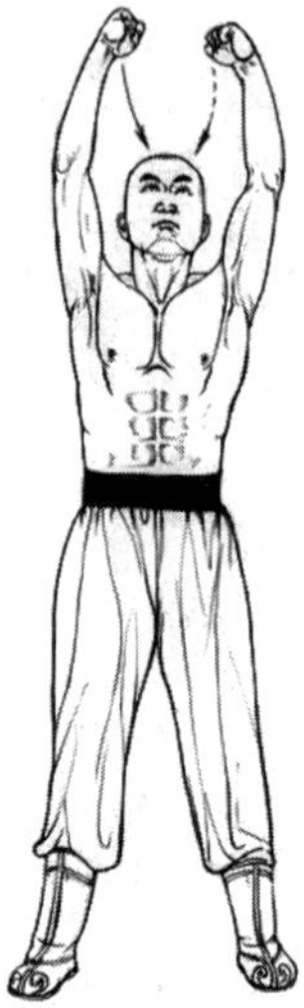

图3–117

图3–118

8. 两拳向下拉于眼前，拳轮向里相对，拳面向上。（图3–118）

图3–118附图

9. 两拳落至胸前，拳面相贴，拳心向上。（图3-119）

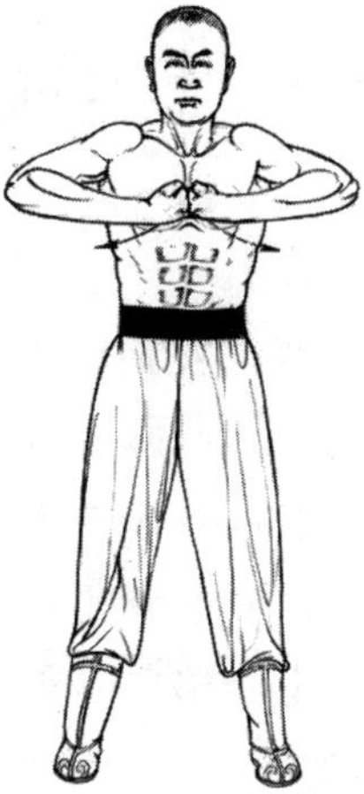

图3-119

图3-120

10. 两拳左右分开，收至肋旁。（图3-120）

【要点】

1. 两掌上伸、下降时，动作可稍快有力，要与呼吸协调一致。

2. 两掌上伸、下降时，身体切勿随之起伏或左右摇摆。

十一、烈马脱缰

【练法】

1. 左脚向左横跨出一步，左腿伸直，右腿屈膝，成右弓步；同时，左拳面置于左太阳穴上，拳眼向下；右拳置于右腰间，拳心向上，上身略向右前方倾斜。（图3–121）

图3–121

图3–122

2. 左拳不动，上身略向右扭转；右拳随转身往右后上方甩出，与肩斜成一直线。目视右拳。（图3–122）

3. 上身复向左扭转，右拳跟着甩向左下方，肘关节略屈，拳心向上，置于左大腿外上侧。目视右拳。（图3-123）

上述动作，连续练习。

原地转为左弓步，练习左拳动作，与右拳方法相同，唯方向相反。连续练习。

图3-123

图3-124

4. 收脚还原，两拳收至肋旁。（图3-124）

【要点】

1. 左右姿势转换时，手脚变换要灵活，并与呼吸协调一致。

2. 拳自胸前甩出或收回时，动作均宜快。

十二、喜鹊亮翅

【练法】

1. 两拳变掌，提于两肩前，两拇指相对，指尖向上，掌心向前。（图3–125）

图3–125

图3–126

2. 两掌平行向前推出。至两臂伸直后，两掌同时变爪，随着上体俯身前躬，两爪迅速向下，由身体两侧向后一甩，两臂伸直，爪尖斜向上。目视裆下。（图3–126）

图3-127

3. 两爪变掌，两臂缓缓左右分开，掌心向上，指尖向外。（图3-127）

4. 两掌向下、向里落于两膝前方，指尖相对，掌心向下；昂首、塌腰，开裆、屈膝，身体成伏蛙状。（图3-128）

图3-128

图3-129

5. 两掌左右分开，绕至两小腿后侧握拳，两臂外旋，拳心向前；两脚尖同时，外撇，挺胸、臀部下坐。（图3-129）

6. 身体缓缓起立。（图3–130）

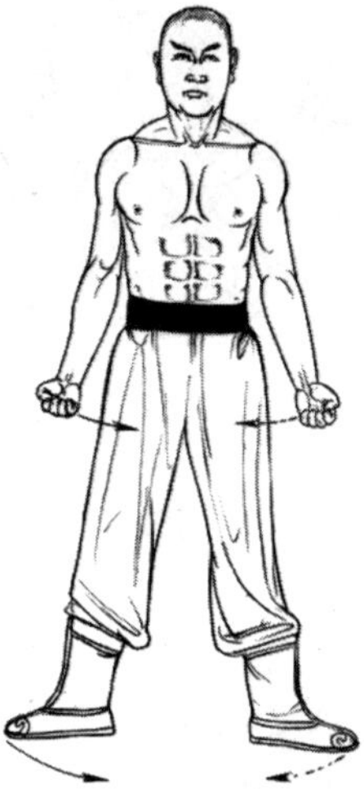

图3–130

图3–131

7. 两脚尖内扣；两拳心旋转向内，垂臂置于大腿前方。（图3–131）

8. 两拳经腹前提至胸前，拳面相贴，拳心向上。（图3–132）

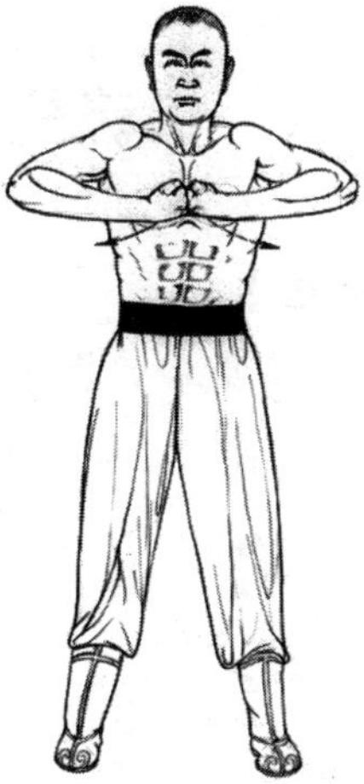
图3–132

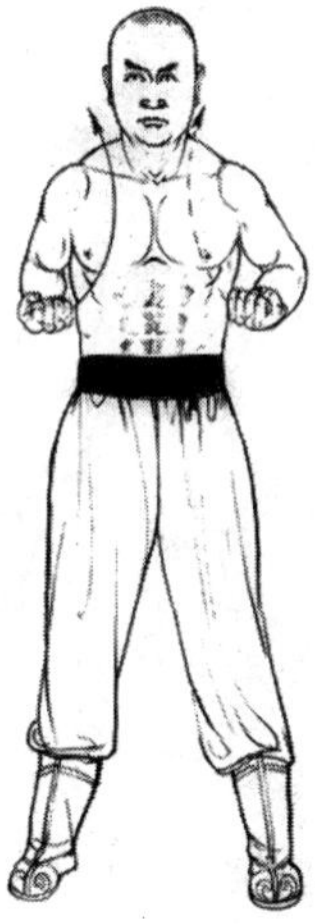
图3–133

9. 两拳向左右缓缓分开，收至肋旁。（图3–133）

上述动作，连续练习。

【要点】

1.两手变爪向后甩时，两臂稍用力，动作宜快。

2.脚趾用力抓地，脚跟不要离地，屈体弯腰时不要晃动。

3.两掌一转，昂首塌腰宜快，动作与呼吸要协调一致。

4.两臂由背上分别向左右下落时，动作宜慢。

十三、伏羲梳妆

【练法】

1. 两拳变掌，提于肩上耳侧，掌心向上，指尖对耳。（图3-134）

图3-134

2. 两掌向上伸臂托举。（图3-135）

图3-135

3. 两脚不动，上体向左侧扭转；两掌伸向左侧，高过头顶，面向左侧下。（图3-136）

图3-136

图3-137

4. 左俯身，两掌缓缓下按于左脚外踝旁。（图3-137）

5. 上身和两掌转向正前方，指尖向前，掌面按地。（图3–138）

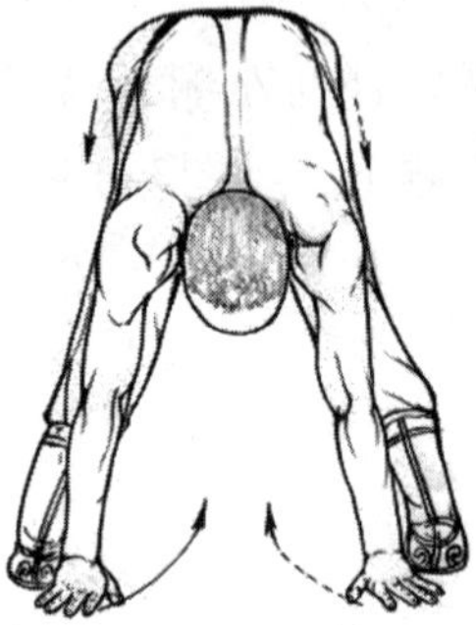

图3–138

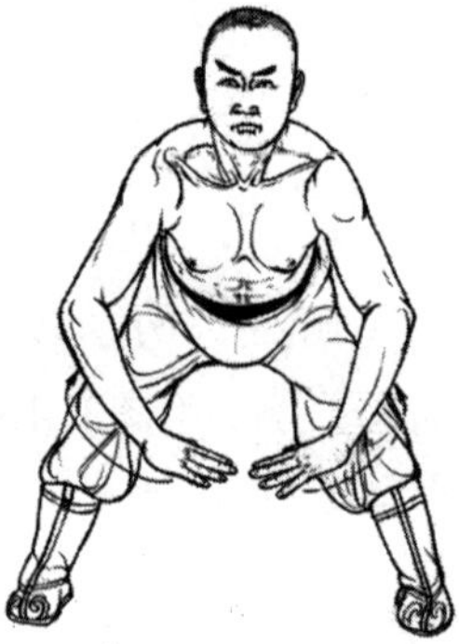

图3–139

6. 两掌一转，提至膝下，指尖相对；昂首塌腰，屈膝开裆，身体成伏蛙状。（图3–139）

7. 两掌左右分开，绕至两小腿后侧握拳，拳心向前；挺胸下坐，脚尖同时外撇。（图3-140）

图3-140

图3-141

8. 身体缓缓起立，脚尖内扣；两拳垂臂置于大腿前。（图3-141）

9. 两拳经腹部上提至胸前，拳面相贴。（图3-142）

图3-142

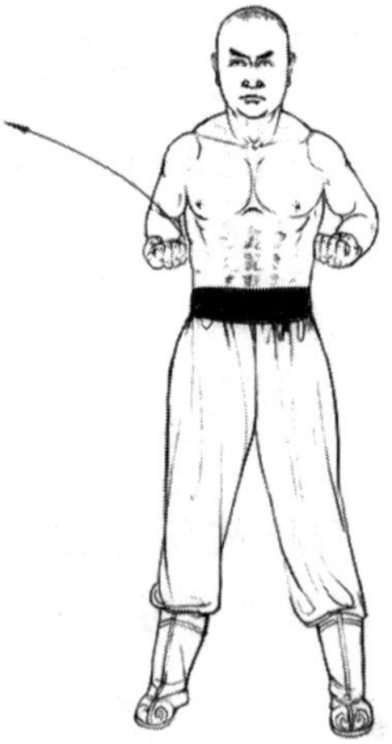

图3-143

10. 两拳向左右分开，缓缓收至肋旁。（图3-143）

接着练习右侧梳妆动作，与左侧练法相同，唯方向相反。

上述动作，左右交换，反复练习。

【要点】

1. 两掌上伸时，指尖向里相对，掌心向上，手指稍用力，肘部适度弯曲。

2. 向左右转身下俯时，动作宜轻松、缓慢。

十四、卧虎伸筋

【练法】

（一）卧虎伸筋

1. 左拳不动；右拳变掌，五指张开，向前、向右伸出，指尖向前。（图3-144）

右掌，向下、向外、向里转腕旋臂划一圈，再握拳收回肋旁。接着，右拳不动，左拳变掌如上法练习一遍。

图3-144

图3-145

2. 两拳变掌，提于两肩前，指尖向上，掌心向前。（图3-145）

3. 两掌平行向前推出，两臂伸直，腕高平肩。（图3–146）

图3–146

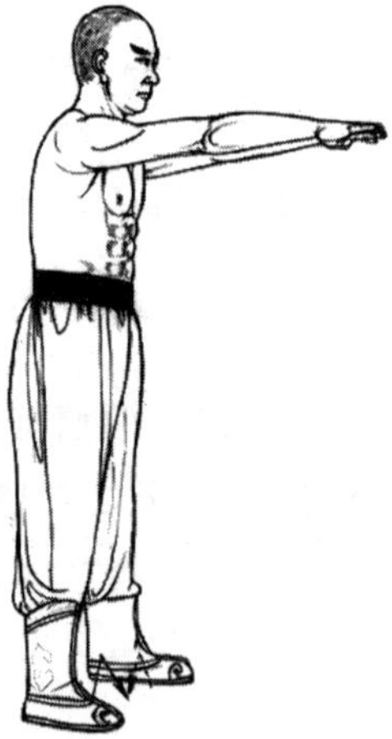

图3–147

4. 两掌外旋，掌背向下。随即分别于左、右两侧由前向下、往后翻掌旋臂，经上向前划弧一圈后直臂伸于肩前方，掌心向下，指尖向前。（图3–147）

5. 上身略向前倾，同时，两脚跳起靠拢。（图3–148）

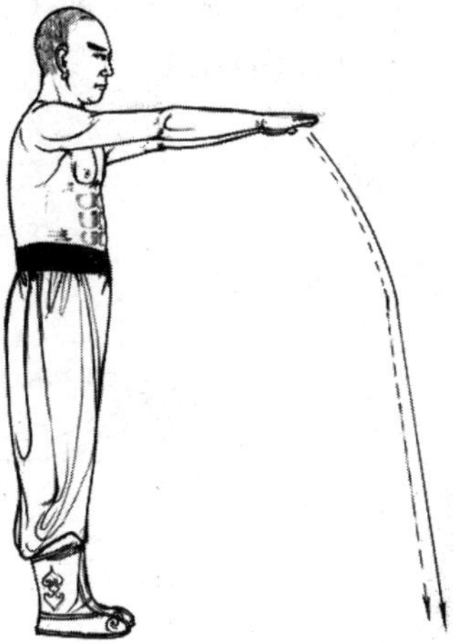

图3–148

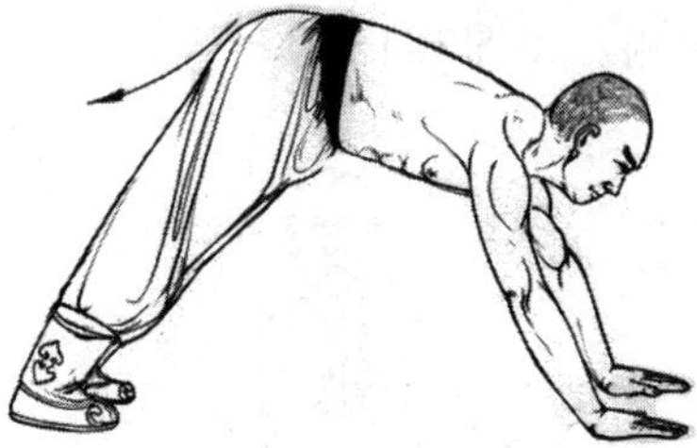

图3–149

6. 弯腰下扑，两掌着地，相距稍比肩宽，两臂伸直；臀部上突，身体成拱桥形。（图3–149）

7. 身体后坐，开裆屈膝，脚跟抬起，身体成俯卧状。（图3–150）

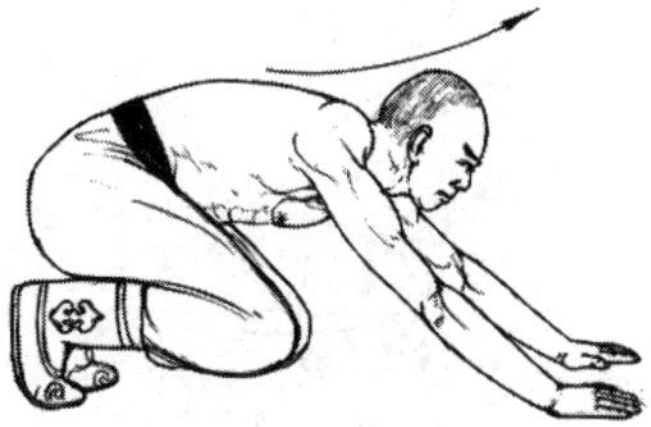

图3–150

8. 上身循弧线向前上方缓缓滑出，昂首塌腰，肘、膝伸直。（图3–151）

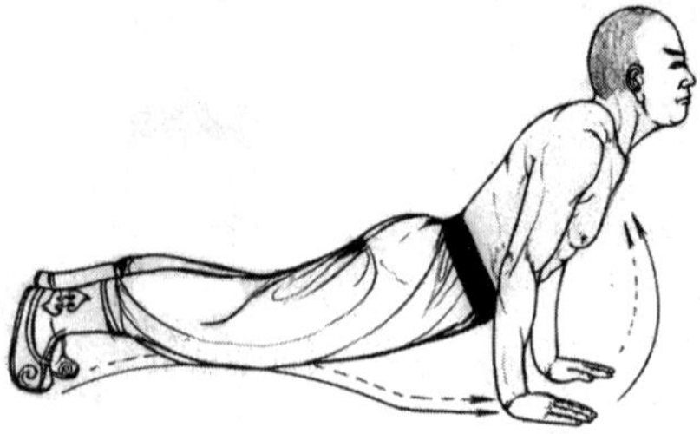

图3–151

连续练习图3–150、图3–151动作数次。

9. 两脚向前跳一步，分开比肩稍宽，脚尖外分，身体起立；两手握拳，拳心向前，置于胯侧。（图3–152）

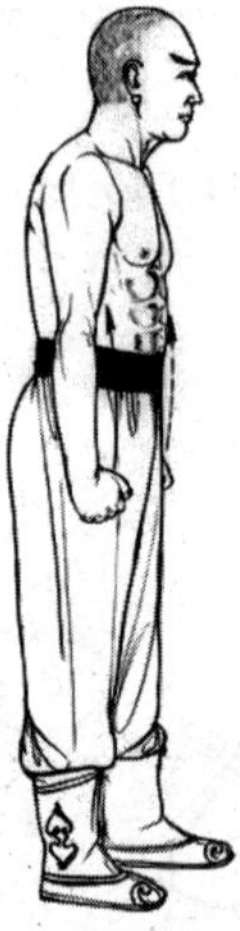

图3–152

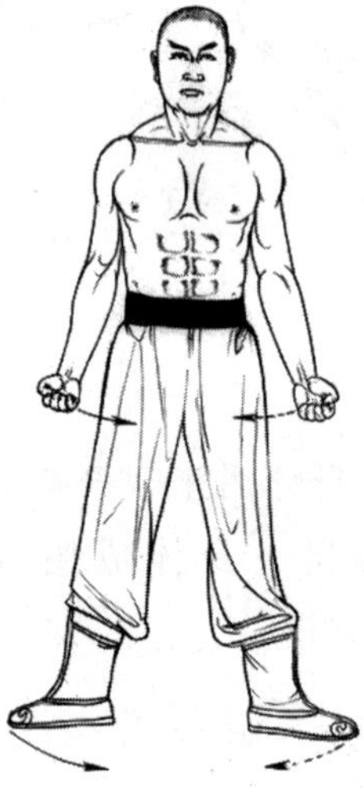

图3–152附图

10. 两脚尖里合向前，两拳上提至胸。（图3–153）

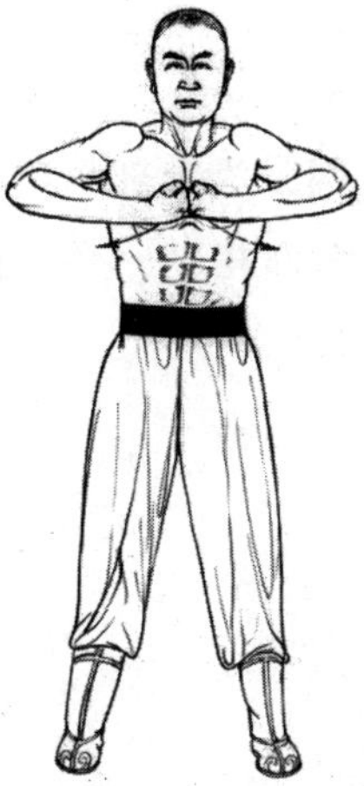

图3–153

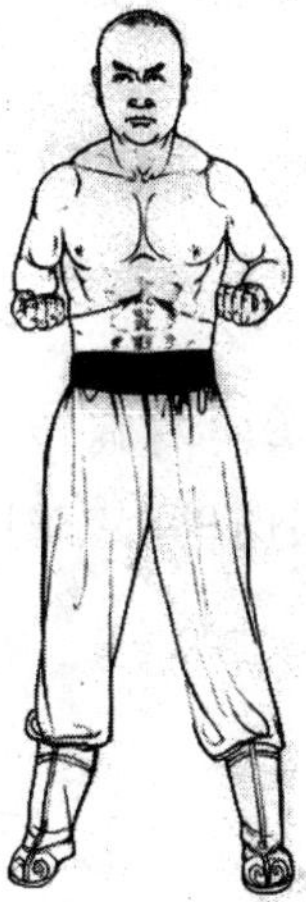

图3–154

11. 两拳收至肋旁。（图3–154）

（二）三收手

1. 两拳沿腹部缓缓上提至胸前，拳面相贴，拳心向上。（图3-155）

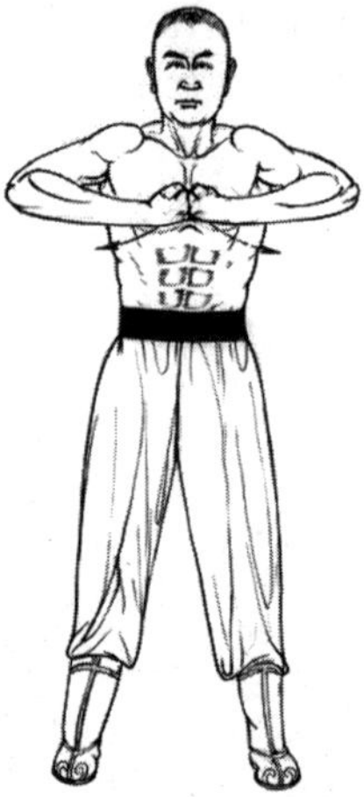

图3-155

图3-156

2. 两拳向内旋转至两拳背相贴，拳眼向里。（图3-156）

3. 两拳面向下经腹部下沉至裆前。（图3–157）

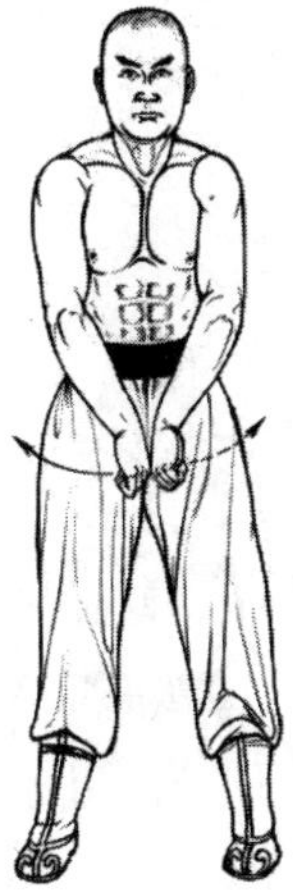

图3–157

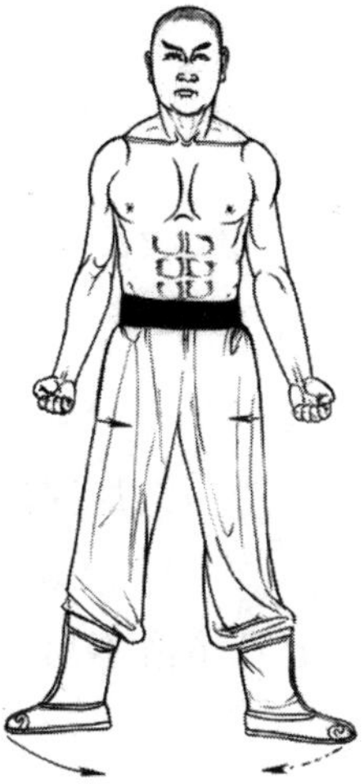

图3–158

4. 两拳向左右分开置于两胯外侧，两臂垂直，拳心向前；同时，两脚尖外展。（图3–158）

5. 两脚尖里合向前；同时，两肩上耸。（图3–159）

6. 两臂下垂，脚尖外分。（图3–160）

接着，把耸肩、垂臂反复练习数遍。

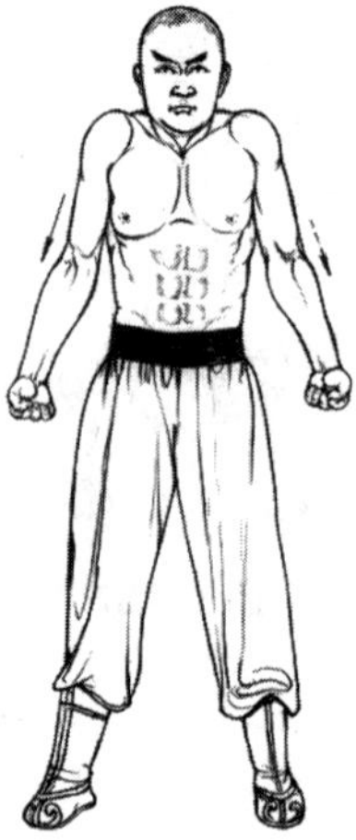

图3–159

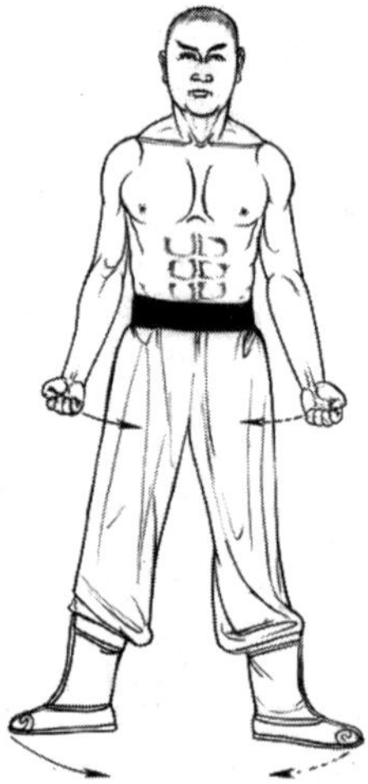

图3–160

【要点】

1. 俯卧前滑，动作宜慢，切勿过猛。待功夫加深后，可由手掌着地，改为指尖着地。

2. 两掌着地相距要适当，太近，则上身俯滑不出；太远，则两臂不好撑直。

3. 卧虎伸筋，整体功夫较强，活动量大，应根据个人体质把握练功强度。

4. 三收手的动作要求缓慢、均匀、连贯、圆活、有节奏。

十五、金刚打坐

【练法】

（一）三起手

预备势

坐于凳上，两手叉腰，拇指在后，余四指在前；两腿伸直，两脚跟着地，两脚尖靠拢；身体后仰，与地面成45°角。（图3-161）

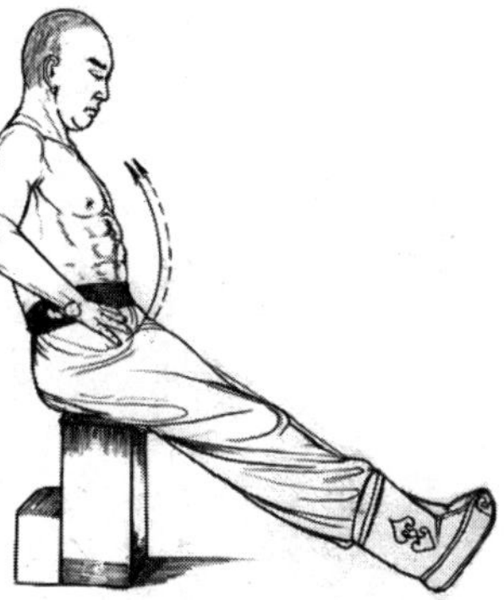

图3-161

开合

1. 身体坐稳后，两掌循弧线提至胸前，指尖相对，掌心向下。（图3–162）

图3–162

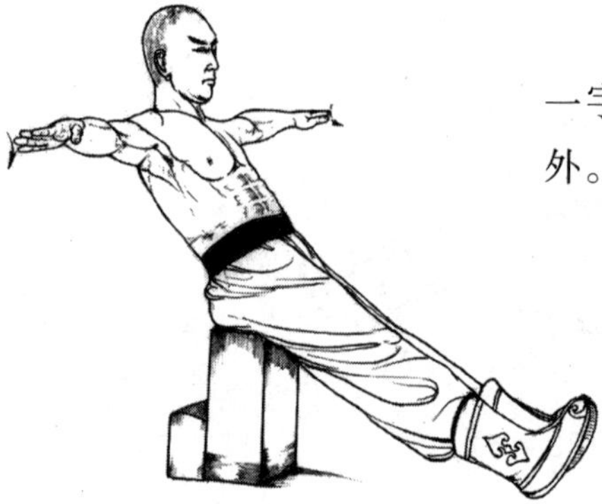

图3–163

2. 两掌向左右分开，两臂一字平肩，掌心向下，指尖向外。（图3–163）

3. 两掌旋转成侧掌，掌心向后，拇指尖向下。（图3-164）

图3-164

4. 两手臂沿水平线缓缓向前合拢，至两掌背相贴，两臂伸直，高与肩平。（图3-165）

图3-165

5. 两掌缓缓握拳。（图3–166）

图3–166

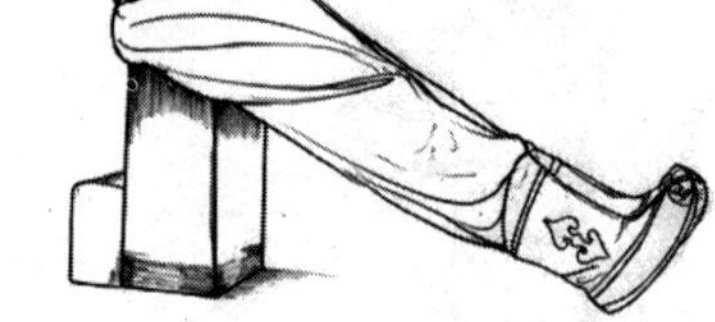

图3–167

6. 两拳翻转，拳心向上，拳轮相贴。（图3–167）

7. 两拳缓缓收回胸前，拳面相贴，拳眼向上。（图3-168）

图3-168

8. 两拳向左右缓缓分开，收至肋旁。（图3-169）

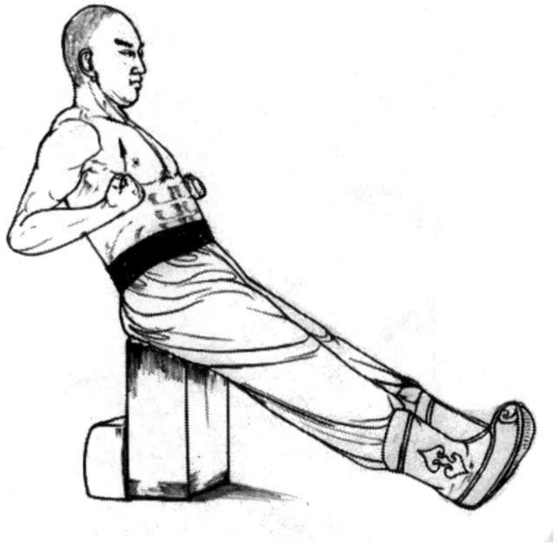

图3-169

左右推掌

1. 左拳不动；右拳旋转变掌置于右肩前，指尖向上，掌心向左。（图3-170）

图3-170

图3-171

2. 右掌沿胸前缓缓向左侧推出，位于左拳上方。（图3-171）

3. 右掌握拳翻转，拳心向上。（图3–172）

图3–172

4. 右拳收至肋旁。（图3–173）

左推掌与右推掌练法相同，唯方向相反。

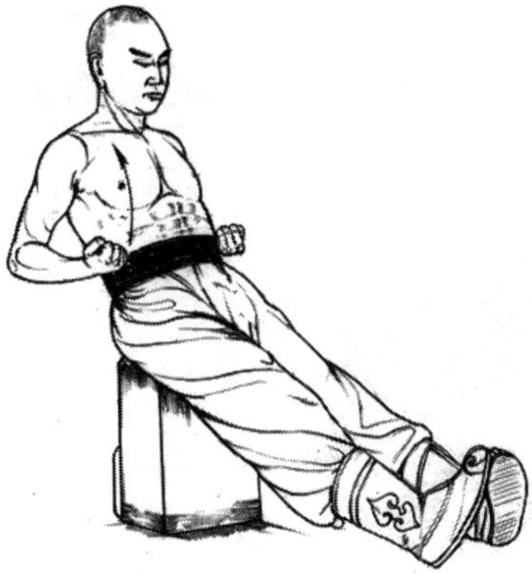

图3–173

左右按掌

1. 左拳不动；右拳旋转变掌置于右肩前，指尖向上，掌心向左。（图3-174）

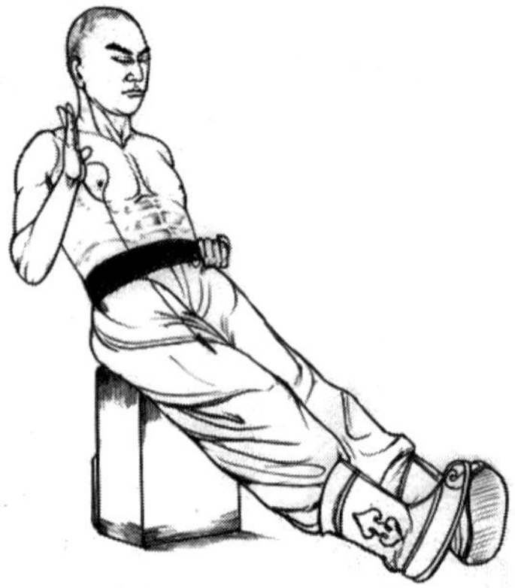

图3-174

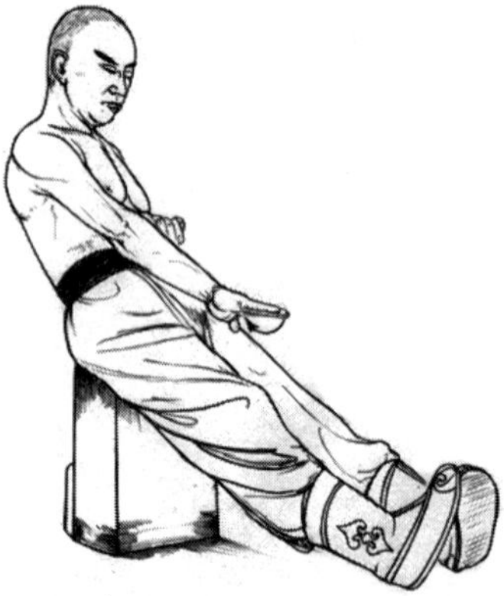

图3-175

2. 右掌向下缓缓按至大腿前侧，右臂伸直。（图3-175）

3. 右掌缓缓屈指握拳，旋转成拳心向上。（图3–176）

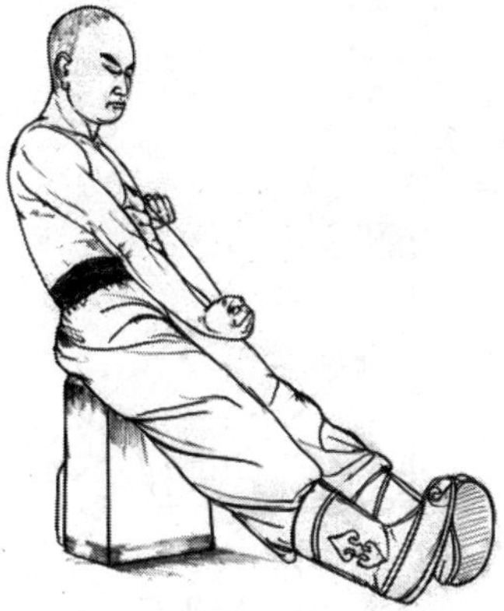

图3–176

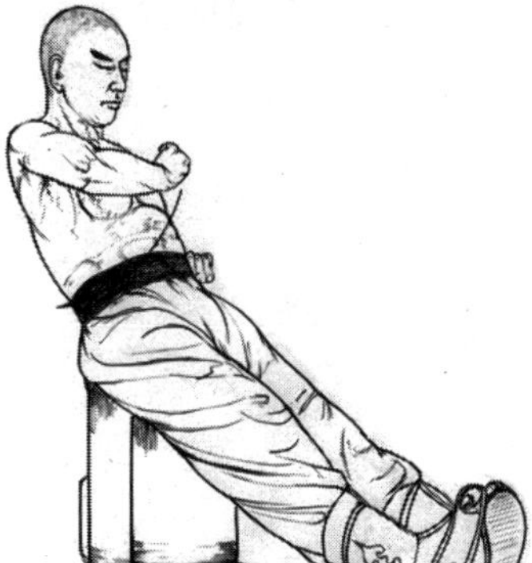

图3–177

4. 右拳缓缓向上提至胸前，拳心向上。（图3–177）

图3–178

5. 右拳缓缓收至右肋旁。（图3–178）

左按掌与右按掌练法相同，唯方向相反。

（二）两掌托天

1. 两拳翻转变掌提至肩上，掌心向上，指尖向里，两肘外展，后臂平肩。（图3–179）

图3–179

2. 两掌经耳旁向上托至头顶正上方，指尖相对。（图3–180）

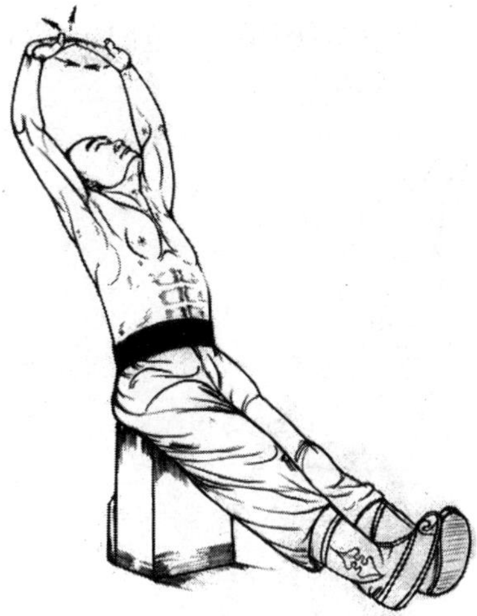

图3–180

图3–181

3. 两掌直腕，指尖向上，掌背相贴。（图3–181）

4. 两掌握拳旋转，拳轮相贴，拳心向内。（图3–182）

5. 两拳缓缓往下拉至眼前。（图3–183）

图3–182

图3–183

6. 两拳收回胸前，拳轮贴胸，拳心向上。（图3–184）

7. 两臂向左右分开，收至肋旁。（图3–185）

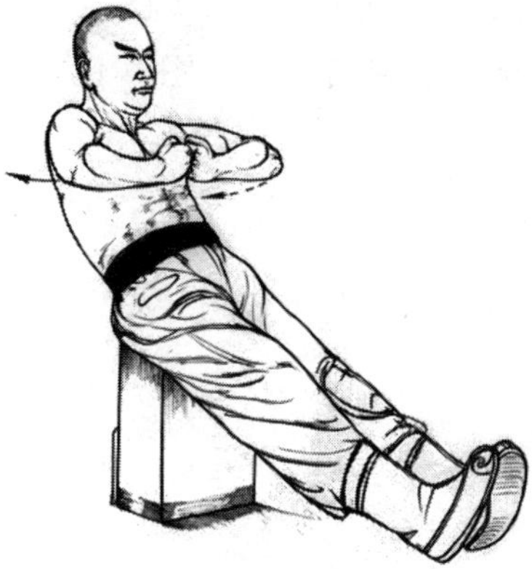

图3–184

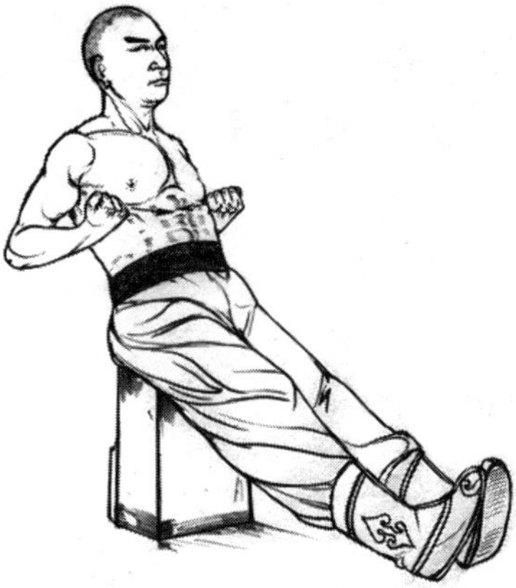

图3–185

上述动作，连续练习。

（三）三收手

1. 两拳缓缓提至胸前，拳心向上，拳面相贴。（图3–186）
2. 两拳向内旋转，两拳背相贴，拳眼向下。（图3–187）

图3–186

图3–187

图3-188

3. 两拳面向下沉至大腿上侧，至臂伸直。（图3-188）

4. 两拳向左右分开，置于胯旁，拳心向上。（图3-189）

图3-189

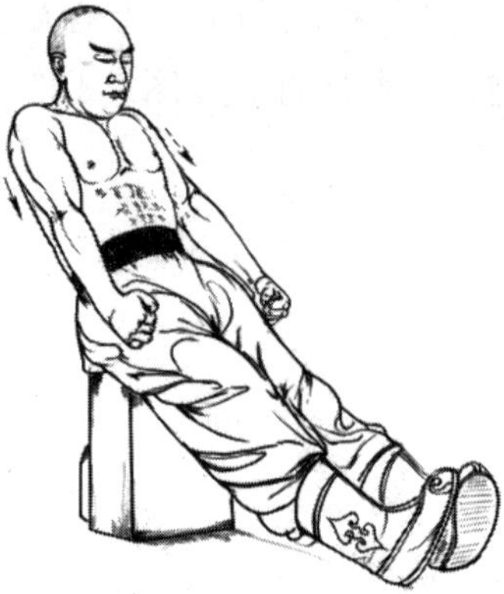

图3-190

5. 两肩上耸。（图3-190）

6. 两臂下垂。（图3-191）

把耸肩、垂臂多练几遍。

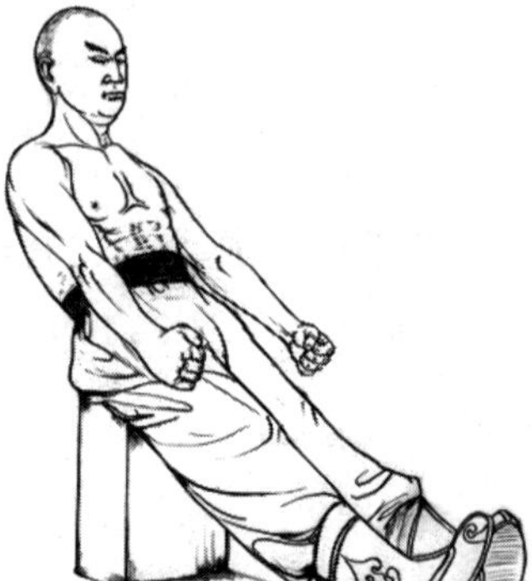

图3-191

【要点】

1. 初练坐仰功时，上身后仰要适当，以能支持为度，不要过量。经过一定时期的锻炼，待腹肌、腰肌的力量增强之后，逐渐练习使身体与地面成45° 角。

2. 此势三起手、三收手的动作和呼吸与站势相同，唯不同的是臀坐身仰有难度。

3. 双掌托天时，两掌上伸和两拳下拉，要缓慢有力，不要用僵劲。

第四章

小金钟硬气功

小金钟功，据传为顾汝章大师秘传的一种硬气功。

此功虽说以“气”为主，但系“鼓气”而非“运气”，较为细腻与轻柔，故不取强烈之练习，所以又名“小金钟罩”，简称“小金钟”。

此功内外兼修，软硬兼具，一旦练成，全身如“金钟罩体”，可抗打抗坚。

第一节　练功用具

练习硬气功，一般不空练，常使用器具辅助。练功用具，贵在各适所用。

小金钟，以“鼓气”为主要功夫，但外面也兼及各部运动，故所用器具甚为别致，与练他种功夫所用完全不同。唯睡时所穿铁衣，与练习轻功所用者相似外，其余皆系轻微之物。

兹将各种应用器物说明于下，以便学习者依法配备。

一、步桩

取圆木两根，长粗适度，埋下固定，地上漏出约50厘米。两桩距离，以练习者步幅而定。（图4–1）

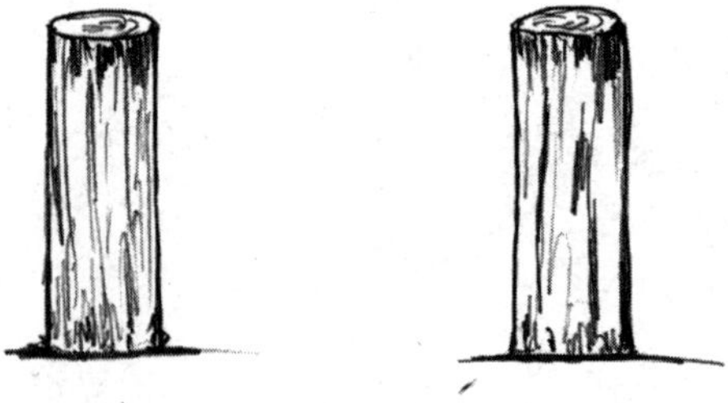

图4–1

二、软槌

软槌，是小金钟非常重要的练功用具。

取薄绸一方，丝绵若干，用绸包裹，其大如拳，不可包得太紧。再用一长约80厘米的软藤，一端稍插入隙缝中，用线把余绸裹扎于藤上，固定坚牢，不可松脱。（图4–2）

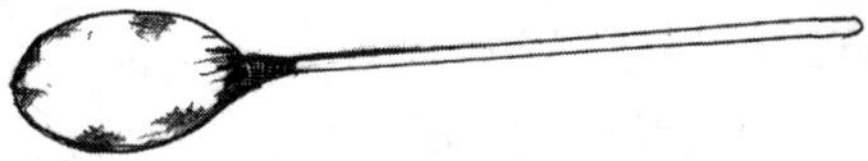

图4–2

软槌中所用之物，随着功夫进步，随时更换。如嫌临时更换麻烦，可每种各置一件，以便随时取用。

丝绵之后，换成寻常棉花。使用棉花之后，换成碎布。

碎布之后，另用坚质之布，制一同样大小的布囊，装入河沙于内，缝合其口。另系两条细带，紧缚于藤柄之一端。囊中之沙，不必装满，至三分之二为度，使沙有活动余地为佳。

河沙之后，换成铁屑。

三、铁衣

铁衣，本为练习轻功必用要物，乃取其重。此功中也用铁衣，主取其坚。其主旨微有不同，故制法也稍异。

将坚厚帆布，裁成短袄式样，先行缝合两横侧及下钩；然后，用粉线弹成若干直线，以坚牢之线密密衲之，每格相距约6厘米，如此则界成无数之直条，里面则成为许多格子，如长袋状。

继将铁砂由口灌入，大约每格50克。各格灌遍之后，掖起掺之，使铁砂到最下之处；再铺平横行衲之，也以6厘米为度。用针要极细密，务使此格铁砂，不能混入他格。

衲好之后，再如法每格灌入铁砂50克，掺下横行衲之。再灌再衲，将衣上缝成无数6厘米见方的小格。灌全之后，再行合缝上带。其带长短，要适合人体胖瘦，方能缠缚紧束，不至移动。

每件铁衣，重约10公斤，此后不必增加，因其主旨并不在乎重量。（图4–3）

图4–3

四、桩架

先用木桩两根，相距约20厘米。每桩长约200厘米，一半钉入地下，一半露出。近上端横架一木，凿孔接榫，装配坚实。此为一架。

离此架约400厘米处，如法另设一架。

另架前90厘米，立一小竹排。即用毛竹十余根，长约260厘米，以一半固定地下；一半露出，要较木架略高，约过头66厘米合度。毛竹并紧钉牢，中间不可稍露空隙，其上端20厘米处用软绳缚紧，不得稍有分离；竹排的后面另用粗竹两根，一端撑于竹排上端，一端拄于地面，使竹排不易向后倾倚。

再用粗木一根，横搁两架之上，其一端直抵竹排之面，桩架即成。（图4–4）

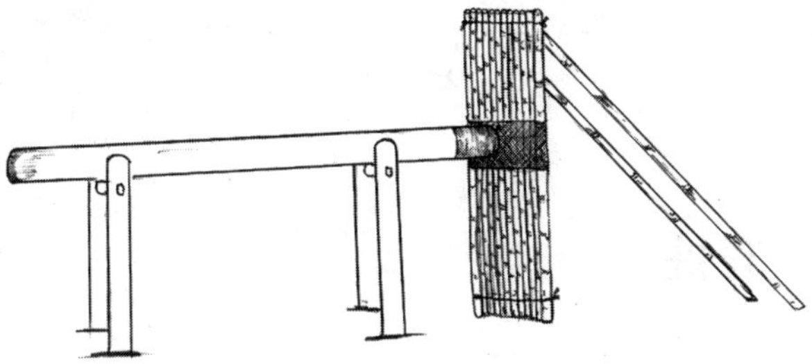

图4–4

五、腹带

腹带，紧缚腰腹所用。因铁衣仅能作用于胸、背、肩、臂部，而不能练及腰、腹；但腰腹等部为人身软处，故要特加注意，一旦练成，不易被伤。

腹带一物，辅佐铁衣不足，视功夫进步随时更换。最初，用寻常马带即可，但其阔度要在16厘米以上，过狭则不合用。待功夫有相当进步时，即脱去马带，换成沙带。

沙带：用极厚帆布两层，中间阔度约20厘米。此阔处约100厘米长，过此把两端渐渐收狭，以3厘米为度。阔处用以贴附腰腹前后各部，而狭处用以缠扣。然后，将其一面缝合，最阔之100厘米处，用河沙填实；再将另面之口缝合，将沙拍平，用极密之针衲之，不要使沙倾倒一面。

功夫更进一步，换用铁屑，依法制带备用。（图4-5）

图4-5

六、磨桩

至磨桩时，练者已具相当功力，不然，身体承受不住。

制作磨桩，也很简单，用长约165厘米圆木一根，钉入土中约100厘米，余65厘米露出地面，木桩顶端要平。

初上桩者，可于桩顶覆上棉花、软布等物，慢慢适应抵桩了，再去掉。（图4-6）

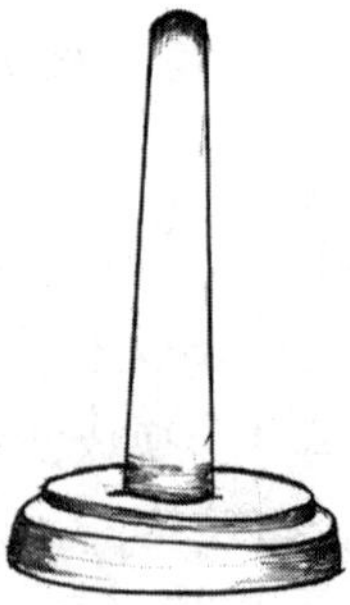

图4-6

七、砂褥

砂褥，并非用布夹砂制成之褥，乃在床上铺以铁砂之意。

用坚实之板，铺上铁砂，厚度约10厘米为宜；砂上再铺被单，人即卧于其上。（图4-7）

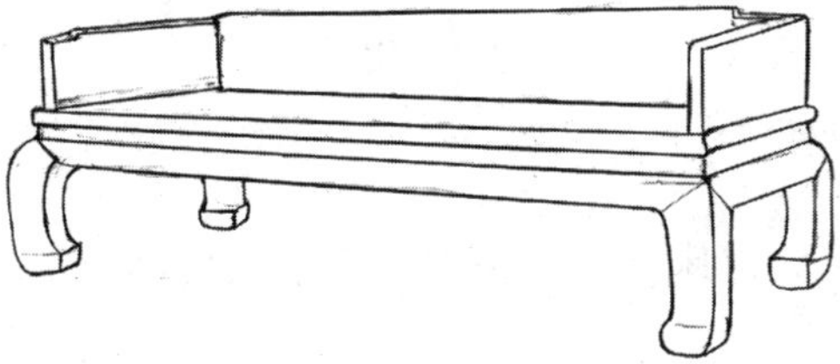

图4-7

练此功夫所卧之床，不宜用棕藤所制垫子，因其太软，有碍行功。

用砂褥者，不必再穿铁衣。如用铁衣，无须多此一举。

八、禅床

练习小金钟，除各法之外，夜间还要打坐若干时。

禅床制法与寻常之床相似，立木为架，四方四柱；唯寻常之床为长方形，禅床则为正方形。其大小与单人卧床阔度相等，下

面不用棕藤所制垫子，要用坚实厚板铺席于上，其他没有特异之处。（图4-8）

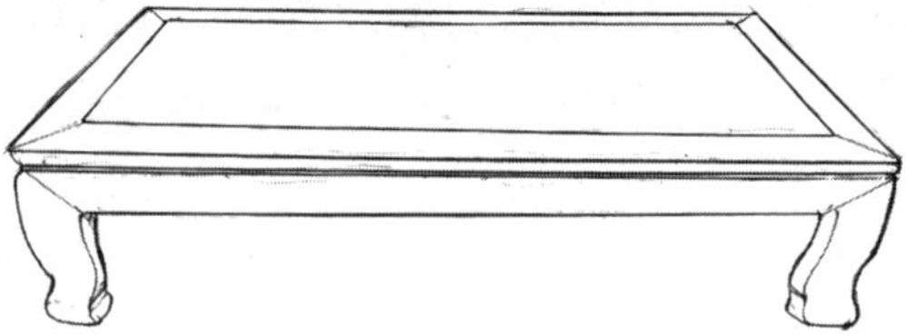

图4-8

如无力置此禅床，用一蒲团，放于实地即可。

第二节　筑基功

无论何种功夫，正式练习之先，必须要有相当根基。根基充实之后，再依其成法，逐步进行，则轻而易举，不致发生各种弊病。

小金钟以“鼓气”为主，故其筑基更要充分。若气不调和，运用时易入岔道。一走岔道，很难回复，常犯此病，为害终身。若不自悟，练习愈勤，危害愈重，不可不慎！

故筑基功夫，必须极其重视，欲善其终，必慎其始，处处小心谨慎，切忌冒进贪功。

兹将小金钟筑基功分述于下，谨供同道参考，按部就班，学而有成。

一、呼吸功

小金钟呼吸功，调和气息，充实体力，为筑基第一步，不可忽视。

【练法】

1. 缓步若干时，先将身体活动开。继把两脚开步，约与肩同宽；两掌垂放体侧，呼吸自然。（图4-9）

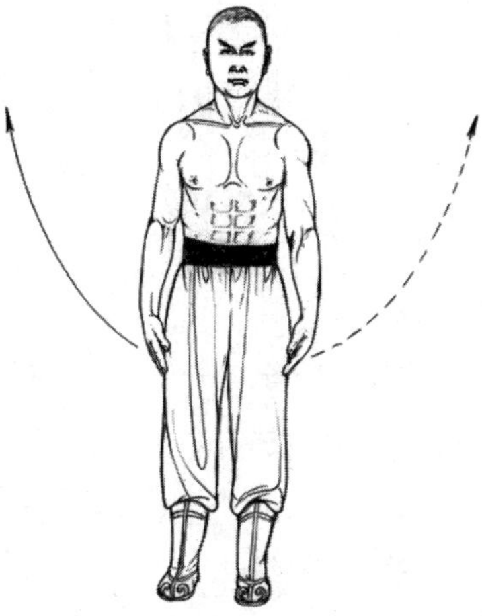

图4-9

2. 两掌自体侧上抬，举成一字平肩势，掌心向上，指尖向外；同时，全身随之领起，胸部扩张，用鼻深吸气。（图4-10）

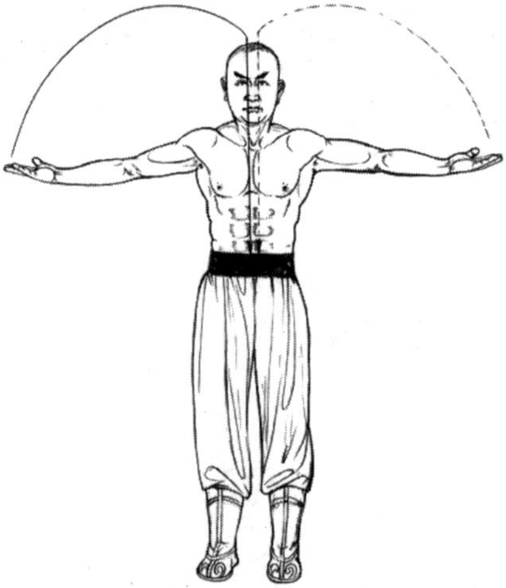

图4-10

3. 至气吸满，两掌上起至头顶上方相合，指尖相对，掌心向下。随即，沿面前下按至小腹前；同时，用鼻将气缓缓呼出。（图4-11）

图4-11

【要点】

1. 一呼一吸，皆要徐缓，不可贪速。如若盲目求快，则气喘不和，难以收效。

2. 每日练习约半小时，则内腑秽浊全清，渣滓不存，心澄神静，气和力充。大约半年以后，即可从事第二步练习，但仍要每日兼行，不可废弃。

二、活腰功

练武之人，腰部本须灵活，小金钟系练习腿部以上各部运用，使之抵抗外力，故腰功更不可疏忽。

活腰功练习，纯取自然，要逐渐而进，不可强使硬劲求功。

【练法】

1. 两脚开步，正身直立；两掌移至腰部（命门穴部位），十指相叉，掌心向外，两掌背紧贴后腰。（图4–12）

图4–12

2. 两掌用力下撑，两臂下伸，如此则两肩后扳，胸腹各部皆紧张而前挺，昂头仰面。（图4-13）

图4-13

图4-13附图

3. 上身向左缓缓旋转，至极限而止。（图4-14）

图4-14

4. 再反向右旋，至右侧极限。（图4–15）

练习时，腿股诸部不许稍有移动，及至正右时，再反向左旋。如此左右各旋转十数次可止。

稍事休息后，再练习下面的倾俯之法。

图4–15

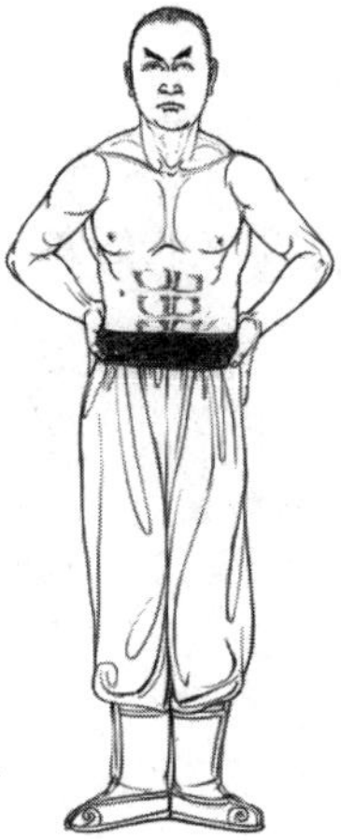

图4–16

5. 双掌于腰后松开，叉于腰际，拇指向前，虎口向下；两脚并步，正身直立。（图4–16）

6. 下盘不动，以腰为支点，上身向左倾，直至极限。（图4-17）

图4-17

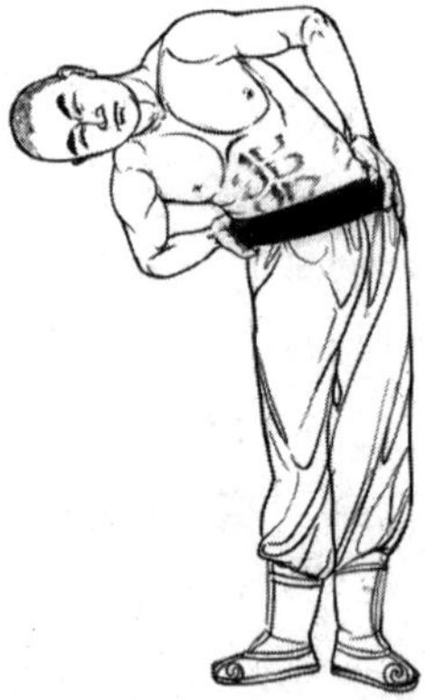

图4-18

7. 然后，上体再缓缓向右倾，直至极限。（图4-18）

左右各练习十数次为度。

8. 再将上身向前倾。（图4–19）

图4–19

图4–20

9. 至极度时，则拗起复原。再将上身后仰，直至极限。（图4–20）

如此也俯仰各十数次可止。

【要点】

1. 初练时决不能下至极度。行之既久，无论俯仰、倾侧，上身能成平行线可止。

2. 此法在行呼吸功后稍事休息而行之，最为合宜。

三、打躬功

打躬法，系柔腰术的一种，唯较上述各法为难，故要缓一步练之。

【练法】

1. 两脚并步，正身直立；两掌自体侧上举叉指，掌心向上。（图4-21）

2. 两掌向前划弧，按于两脚尖前地面；上身随之向前俯下，两腿挺直。（图4-22）

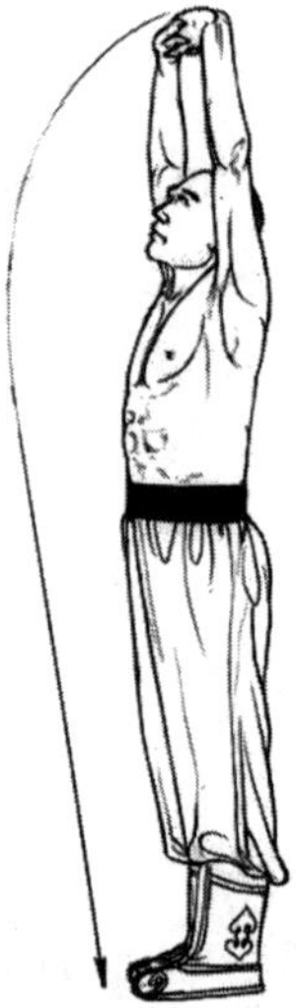

图4-21

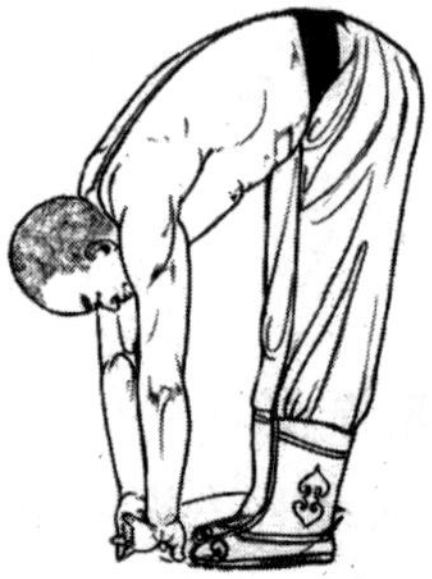

图4-22

3. 松开两掌，后移抱住两踝，面部尽量贴近小腿前侧。（图4-23）

图4-23

【要点】

1. 入手之初，至上身向前平直时，即不易再下。功夫要缓缓练来，不可强用压迫之力，硬使下俯。

2. 练习时，两腿必须挺直。如两膝稍屈，即犯大忌。

3. 行之日久，上身下俯之度数，宜渐增加。练至平置其掌，掌心可全部贴地，两膝挺直，上身与腿部完全并行，打躬一步功夫即告练成。

4. 宜先行呼吸功，再依法打躬。练过之后，缓走片刻，再加行呼吸功，可补气解乏，恢复体力，很有好处。

四、反折功

反折一功，其理与打躬相似，其不同在于打躬前俯，而反折后仰。

【练法】

1. 先置一凳，练者背凳开步而立，离凳约1米。（图4-24）

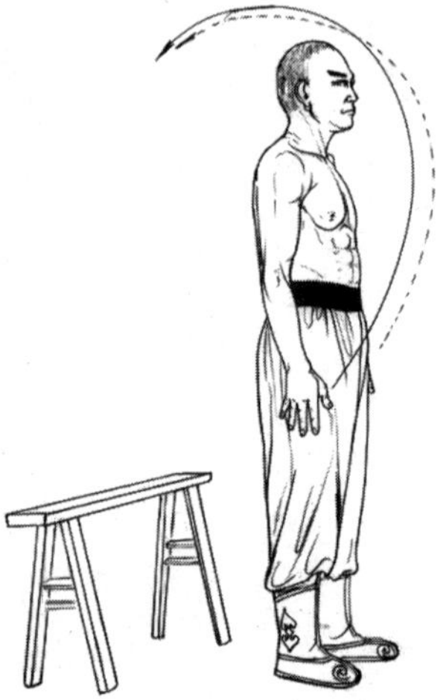

图4-24

图4-25

2. 两手抬起，直竖两肩之上，两腿用劲站稳，将身向后仰去。两臂不许单独自动，要随上身之势而动。（图4-25）

3. 行之既久，两手可及凳面，约与腿弯高度相等。（图4–26）

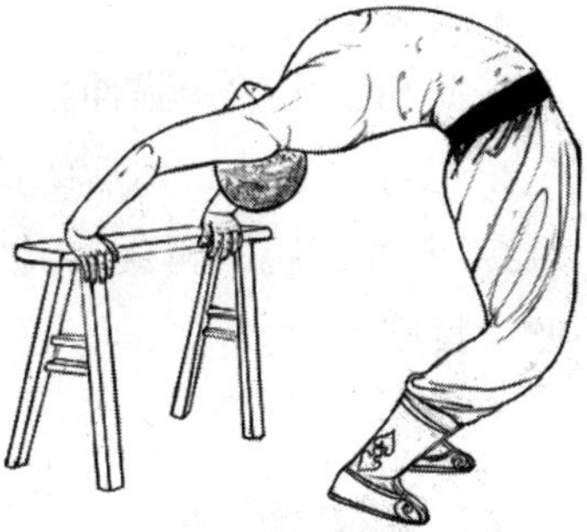

图4–26

图4–27

4. 逐渐降低凳高。练至不借凳子，两手可触地面。（图4–27）

5. 两手触地时，可先以指尖，次则握拳，终以全掌。全身之形，似一桥洞势，此功为成。（图4–28）

图4–28

【要点】

1. 此功也名“懒猫伸腰”，以其形似。

2. 先行呼吸功，然后练此。

3. 此功之后，再缓步片刻，使筋骨稍展，气血稍舒，再行呼吸功数度而收。

五、翻挪功

翻挪功，为打躬、反折两法相合，再稍加动作。因打躬、反折练时，身位固定，单用上身各部，腿股诸部完全不动，练习不是很全面。

在打躬、反折练习精熟之后，再进练此法，轻而易举。前、后翻身，移变位置，顺势进退。

【练法】

（一）前翻

1. 用打躬之势，俯下上身，两掌着地。（图4–29）

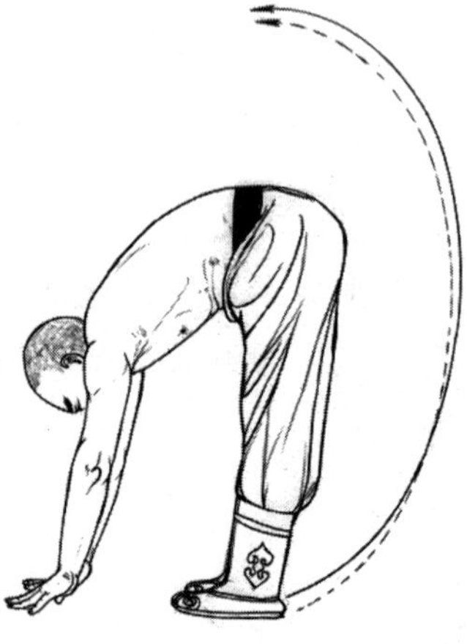

图4–29

2. 两掌用力抵地，两臂着力，下半身向上翻起。（图4-30）

图4-30

3. 向前落下，两脚着力抵地。（图4-31）

图4-31

4. 上身拗起，向前倾俯。（图4-32）

如此连续练习十余次，正身直立。

图4-32

（二）后翻

1. 正身直立，两掌垂放体侧。（图4-33）

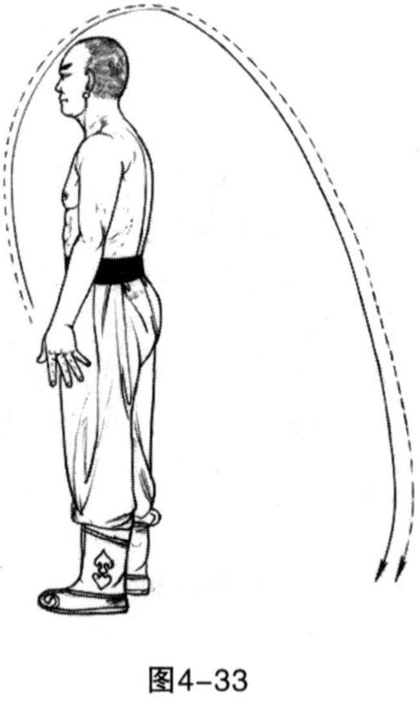

图4-33

2. 用反折之势，向后仰下，两掌用力抵地。（图4–34）

图4–34

3. 两脚蹬地，由前拗起。（图4–35）

图4–35

4. 向后落下，两脚着地。（图4–36）

5. 上身拗起，仍后倾仰。（图4–37）

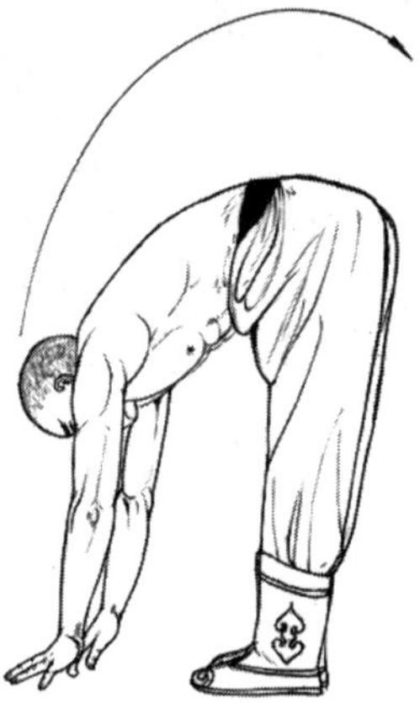

图4–36

图4–37

也反复十余次为度。再行呼吸功数度而收。

【要点】

基本要点同与打躬、反折。

六、提气功

提气功，要时时行之，以补助他种预备之不及。此为用气初步，不是运行之道，提气、降落均在胸、腹等处练习，故列入筑基功中。

此功宜行于呼吸法功之后。

【练法】

1. 开步正身直立，以鼻吸气至满。随即屏住气息，使此一口气注于丹田，此时腹部必然紧张而隆起。（图4-38）

外面摸之，也觉得坚硬，但一入手不会如此，功夫要逐步而来。

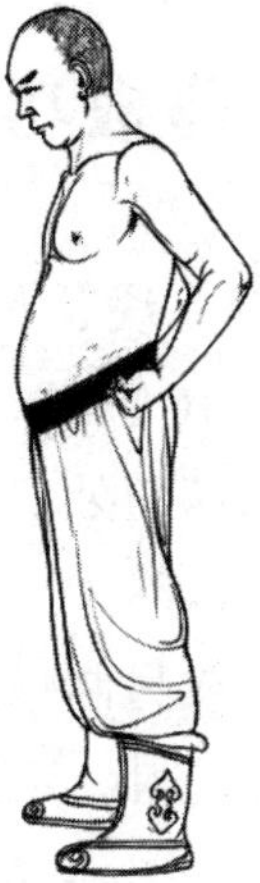

图4-38

图4-39

2. 然后，将此一口气向上提起，过脐而及于胸部。在气上提之时，似有拳大之一物，由丹田处渐渐向上升起，功夫愈深，则此物愈大。（图4-39）

久后不仅能行于胸腹，而且能达于肩背，终且能遍行全身各部，此时已可运用，下面再详述。

【要点】

此功每日可早晚行之，但行时要作合宜之呼吸。屏气宜缓缓从事，不可贪功过分，务得自然之旨；若硬屏狂鼓，必使内部受到伤害，定忌。

七、荡板功

选木板一块，长约200厘米，宽约100厘米，厚12厘米。木板的四角处，各钉坚牢铁环，系之以绳。上端或系于屋梁之上，或另制一架，务使此板能悬于空中，离地以100厘米为度。（图4-40）

在筑基功有相当进步时，即可练此荡板。

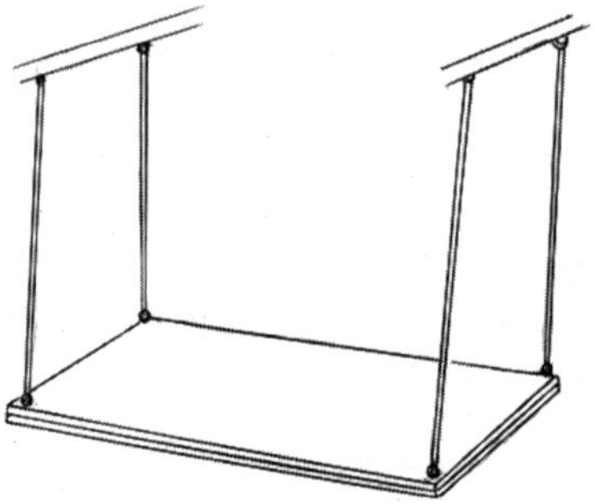

图4-40

【练法】

每夜睡眠，卧于板上，悬板稍受外力，即易震荡。此系虚中练实之法，如气能充固，则力不为摇；力不摇则身自定，身定则荡板不动。（图4-41）

此法练习凝神静气，为小金钟筑基必用，但凡修炼气功皆可使用。

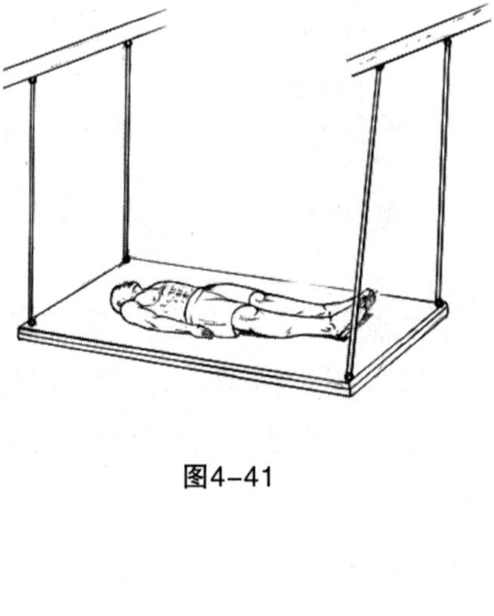

图4-41

八、打坐功

打坐，实为宁心静气之不二法门。人欲固其气，必从此着手，方不致失望，所以列于筑基功之末。此功要在上述诸功练有相当程度，逐步进至能提气之时，始可练习。

若毫无基础，神气未固，即使练习此功，欲收摄身心、调理气息，非常困难。若强令为之，偶得片刻安宁，而一转瞬间，心神又自纷乱；心神一乱，气即涣散，很难收效；有时，还会引起偏差，危害身心。

打坐之法，有单盘、双盘之分。入手之先，以单盘为宜。

【练法】

（一）单盘坐

左腿盘膝，脚后跟抵住会阴；右腿盘膝，脚面翻压在左大腿根上。两掌可放在两膝上，上身中正，两眼轻合，全身放松。（图4–42）

法甚简易，坐至三月后，进而练习双盘坐。

图4–42

（二）双盘坐

左腿自然放平，把右脚搁在左大腿根上，再把左脚搬到右腿上（可以左右调换）。两掌于腹前重叠（男左掌在上、女右掌在上，两掌重叠、掌心向上，大拇指似接非接），上身中正，两眼轻合，全身放松（练双盘时要求两膝盖都能着地才为达标，初练者可把臀部垫高）。（图4–43）

图4–43

在初入手打坐之时，心中往往杂念纷然，不得宁静，是宜力戒。可以数息，心中默记，渐可使心志宁帖，杂念不生，此法甚善。坐功既深之后，即不用此设想，心志也自然宁静，纵有声色，也扰乱不得。

夜静更深时，打坐效果为佳。每日所坐时间长短，也不宜固定。初时极短，逐渐加长，至一个时辰为止。

【要点】

1. 注意保暖，不可直吹冷风。严寒天气，要注意穿厚或披上被子。

2. 可准备两个坐垫，大垫作为整体，小垫放在臀部下面，但不可太软。

3. 光线太强，不易入定，要注意避光。但也不能太暗，容易睡着。

第三节　大壮功

筑基功逐步有成，打坐功也有相当程度后，便可练习大壮功。

一、站桩功

站桩系初步功，练习两腿之力，使上身稳固，不易摇动。

【练法】

两脚站立桩上，屈膝下蹲，两膝外撑，膝盖不能超过脚尖，大腿与地面平行；同时，胯前收，臀敛勿突，使裆成圆弧形（俗称圆裆）；头正顶平，含胸拔背，沉腰收腹；两掌附于膝上（两掌也可环抱胸前，也可前推，也可叉腰等，姿势不限）。（图4-44）

图4-44

【要点】

1. 寻常之人，气未充实，力易散漫，力散则身势随之动摇。站桩功，即把散漫之力，集合完固，力固则气凝。此法练之不难，桩的制法前面已述。

2. 两脚十趾略微抓扣，脚心含空。初练时，脚尖可外摆；站一个月后，增加难度，两脚尖可变为正向前方。久练有功后，脚尖可变为内扣。

3. 双膝略蹲为高桩；再往下蹲为中桩；大腿与地面完全平行则为低桩。循序渐进，由高到低。

4. 采用数息法（默记呼吸次数），排除杂念，集中精神。

5. 初练之时，时间不能持久，少顷气喘汗出而感觉不支。此时不必勉强，可以下桩休息片刻，再行练习。多练一日，功进一分，站桩可坚持一两个小时即告功成，力已完固，气也充足。

二、槌练功

槌练，即用软槌排击周身各部，使内膜受到震荡，忽弛忽张，则气可行于膜间，周流不息，无所阻滞。

【练法】

1. 从肩部逐次排打至手指，手臂内外侧均要打遍。（图4–45 ~ 图4–48）

图4-45

图4-46

图4-47

图4-47附图

图4-48

2. 从腋部打起，经肋、胯、膝、胫，至脚背、脚趾。（图4-49～图4-54）

图4-49

图4-50

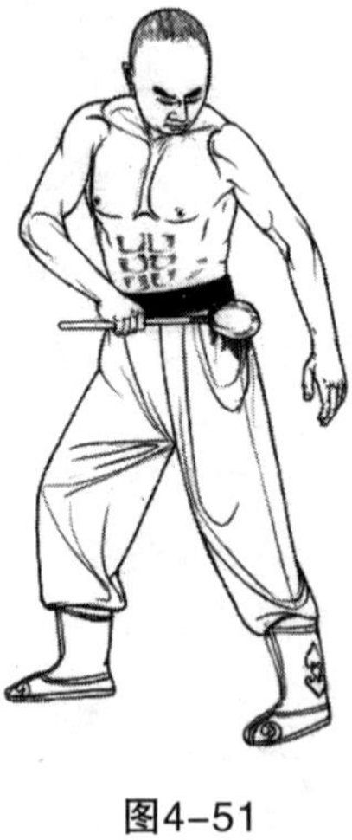

图4-51

图4-52

图4-53

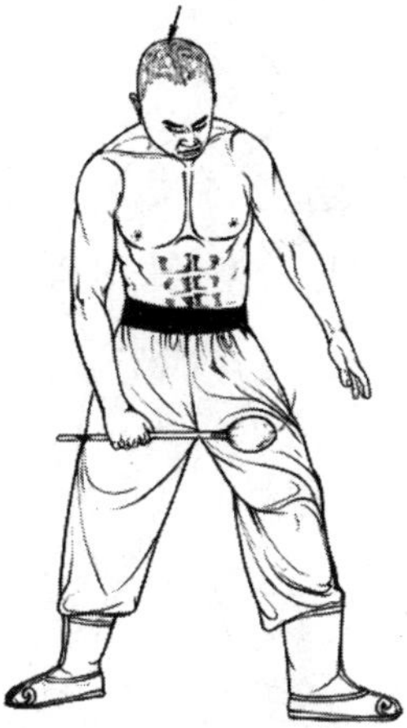

图4-54

3. 从头顶、额、太阳、颧部、耳门，至颈侧，逐次打遍。（图4-55～图4-58）

图4-55

图4-56

图4-57

图4-58

4. 从胸部，逐次打至腹部，密密而行。（图4-59 ~ 图4-61）

图4-59

图4-60

图4-61

5. 从背部逐次下行，打至尾闾部。（图4-62～图4-64）

图4-62

图4-63

图4-64

【要点】

1. 软槌制法，前面已述。槌练之势，坐立均可，但以站势为佳。

2. 槌击排打时，先练左侧，再练右侧，后背、头顶、裆腹等部逐一密密打遍。

3. 槌数要平均，每日练功一两次。槌击全身各部，至不感痛觉时，此功告成。

4. 每半年，换一次槌。先棉花槌，继碎布槌、河沙槌，终铁屑槌。

5. 槌击某部时，要以意役气，使充于该部。所谓以意役气，在先仅是一种意想，其气并未随意立即贯注，练习久了，内膜道路贯通，气自能随意而达。唯求功要出之自然，不可勉强，否则反易招害，切记切记。

三、带铁功

带铁功在轻功门中，最为重要。而小金钟的带铁练习，是取其坚硬，非如练轻功的取其沉重。

【练法】

大约槌击练至第二步时，即可穿铁衣。于睡眠时穿着而卧，使外面皮肉，受铁衣坚硬，增进其抵抗力；使气行于内膜，感觉压迫，增加其膨胀力。（图4–65）

图4–65

【要点】

1. 别种功夫，也有带铁练的，目的各不相同。铁衣制法，请参看前节。

2. 铁衣重量，二十斤即足，不必加重。

3. 清晨起身，即可解除，不必常穿。

四、腹带功

腹带功，即束上腹带，练习保护腰腹之功。

【练法】

1. 初入手时，先用寻常练功布腰带护其腰腹，因毫无功夫之人，一旦加以稍重之物，反而有害。

2. 带铁功练习半年，即可改练河沙腹带、铁屑腹带。（图4–66）

图4–66

【要点】

1. 腹带制法，前节已述。

2. 在人身各部中，腰腹最为软弱，最易受伤，故练小金钟尤当注意此部。

3. 此种腹带，平时可缠束，夜间也可带之而卧。腰腹等部，非铁衣所能练及，而腹带可补其不足，并可使气通达周身。

4. 练习槌击、抵架等功时解去。上桩初练时，不必解去，可以护腹；至有相当功夫再解去。

五、抵架功

抵架功，也名“逆水推舟”，完全练习腹部，行之甚难，但较上桩稍易。

【练法】

1. 面向竹排，将气运于腹部，将腹贴于横木一端。（图4-67）

图4-67

2. 向竹排方面抵靠，初时很难移动，几下即觉力疲气乏，不能支持。可舒气少歇，再行续练，切不可过于勉强，否则其气必促，内腑难免受到伤害。练之既久，抵架时间自然增长，气力自然充实，竹排中间必现弯势，渐渐可使横木前移。（图4-68）

图4-68

【要点】

1. 桩架制法，如前节所述，不可变更。

2. 竹有弹性，受力压迫而成弯势，移去抵力又还原状，易于试验槌练功力之深浅。

六、上桩功

上桩，即上磨桩。站桩用脚在桩上排站或行走，而上桩以腹抵桩，悬空其身，左右旋转。

【练法】

1. 腹部束带抵于桩上，全身俯下。（图4–69）

图4–69

2. 两手、两脚抬起，以桩承身，身体悬空。（图4–70）

图4–70

【要点】

1. 此功甚难，内膜功夫不到，练者腹部承受不住，完不成动作。上桩初时，要先用厚布若干层包紧桩头，腰间所束铁砂带也不解去。

2. 行时务要鼓气于腹，不可呼吸。

3. 初练之时，不能持久，但不必勉强，力有不及即下桩休息。然后再练，自能逐渐增功。

4. 练至半年以上，即可解去铁砂带，换成寻常练功布腰带。再隔半年，撤去练功布腰带与桩头包布，功夫已深，内膜自固，不会伤身。

5. 练至腹抵桩头，全身平置，让人拉脚横扯，能旋转数周，功已可观。

6. 此后，练习腰后压石。初时压约10公斤石块，渐渐加重。练至以腹抵桩，身体平直，腰压50公斤石块不觉困难，让人横扯可旋转数周，功造大成。

7. 此功与抵架之理相同，但较抵架更进一步，练法更难。

七、卧砂功

卧砂功，乃练刚中生柔之道。

【练法】

在所卧床板上，铺以约10厘米厚之铁砂，砂上加被一层，练者每夜即卧其上。（图4-71）

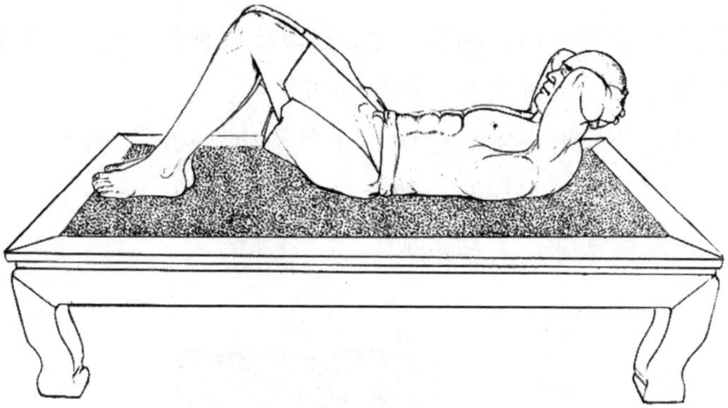

图4–71

【要点】

1. 因抵架、上桩等功，大都偏于腹部，肩背、腰间等处未能遍及，故用练砂补其不足。

2. 此一部功，可与以上各种功夫同时并行。如不穿铁衣，在槌练之时，即可练此。如穿铁衣，肩背各部平时已有相当练习，可不练此；如两法兼用，也无妨碍，可兼练腿股各部。

八、运气功

上述各功练就，则气沛力充，内膜已固，且行气通达，毫无阻滞，进而练习运气功。

运气为最后一功，此功有成，小金钟大功方告全成。

【练法】

先将气全聚丹田；随即，运之上升，由腹至胸，止于顶门；继由后面运下，由背至腰，回至原处。

气经之处，有一突起之块，此即是功。初时，此块甚小。以后，渐运渐大，如盏如拳，如碗口大小。终而，此气能布于上身各部，如铜墙铁壁，大功告成。

【要点】

1. 此法宜以静势行之，由意想而达于实现。

2. 此功有成，只一运气，全身柔如棉絮，刚如铁石，可抗拳棒重击。

注：

一旦练习外壮功时，其他筑基功可不兼习，但“呼吸功”及“打坐功”，还要逐日勤行，不可懈怠。

此两功关系人体甚大，即使练成功夫之后，也要按日练之；小金钟以外功夫，凡涉及于气，也当按日练此，不要忽视，很有大益。即使不求武功之人，如能按日练此两功，也是有益无损，有病者可以祛病，无病者可以强身，且不需器物，轻而易举，又不妨碍正当工作时间，行之极易，收效极速，是人人可练的良好养生法。

清晨练习呼吸，宜在空旷之地，纳清吐浊。内腑污秽，用清气荡涤澄清，自然血气畅通，精神焕发。夜间打坐，宜在静室，可免杂色触目、杂声入耳而扰乱心志。静心趺坐，神闲气沛，一念不生，则静如止水，明如宝镜，驱杂念，敛神气，自然祛病延年。禅门、道家，以打坐能坐忘一切，视之为修养妙道。晨练呼吸、夜练打坐，如能坚持一年，其功效明显，由此渐进，自可益寿延年。

小金钟必须兼练此两功，使气贯通，流行内膜各部，周而复始，如环无端。气既充于内，力更足于外，则全身固实，非外力所能伤。自卫之功以此为妙，唯练时稍久，不似外功易见成效。